En dannelsens vagabond –
Tankestrejf fra livets landevej

Christian Hørup
En dannelsens vagabond – Tankestrejf fra livets landevej

Lyrik og Noveller

Den automatiserede analyse af værket med henblik på at opnå information især om mønstre, tendenser og sammenhænge("tekst- og datamining") er forbudt.

© 2025 Christian Hørup
Forlag: BoD · Books on Demand, Strandvejen 100, 2900 Hellerup, bod@bod.dk
Tryk: Libri Plureos GmbH, Friedensallee 273, 22763 Hamborg, Tyskland.
ISBN: **978-87-7170-168-5**

Forord:

”Jeg går for at forstå, ikke for at ankomme”
Christian Hørup

Denne bog er resultatet af en rejse – ikke
nødvendigvis fra sted til sted, men fra tanke til
tanke.
Fra én måde at være menneske på til en anden.

En dannelsens vagabond er ikke en fast figur
Det er en bevægelig skikkelse.
Et menneske, der ikke nødvendigvis har fundet
hjem, men som heller ikke længere frygter
hjemløsheden.
En, der søger - vel vidende at nogle spørgsmål
ikke har svar, og at nogle svar kun findes, mens
man går.
I centrum af denne søgen står **selvet** – ikke som
en ting, man har, men som noget, man bliver.
Ikke noget, man ejer, men noget, man må vælge
og genvælge.
At danne sig selv er ikke en lineær proces, men
en bevægelse gennem livets mange lag:
kærlighed og ensomhed, valg og fortrydelse,
frihed og ansvar, tro og tvivl.

Digtene, novellerne og refleksionerne i denne bog forsøger ikke at indfange sandheder, men øjeblikke.
Øjeblikke, hvor noget træder frem – en erkendelse, et stik af mening.
Små forsøg på at nærme sig det sted, hvor mennesket både opdager og opgiver sig selv på samme tid.

At inddrage **selvet** i livet – at tage det på sig og ikke flygte fra det – er måske den mest krævende form for dannelse.
Det er at stå i sig selv, uden garanti.
At være tro mod det indre, selv når det ydre støjer.
Sådan oplever jeg dannelse:
Ikke som en præstation, men som en bevægelse. En stille indre rejse, hvor man må miste for at forstå.
Hvor man må forlade sikre veje - og gå ud hvor der ikke er skilte.

Tak fordi du vil gå et stykke vej sammen med mig.

- Christian Hørup, en dannelsens vagabond

De grønne øjne

Der lyder et hårdt smæld på den anden side af
værelsesdøren.
Det er ikke lige ved værelset, men højt nok til at
forstyrre hans sind og hans søvn.
Lyden er genkendelig - for det sker altid, når det
er søndag, og han ikke har været hjemme.
Lyden af en hånd, der slår ned i køkkenbordet,
ofte efterfulgt at et højt råb. Ikke altid, men ofte.
Dette er en af de gange, hvor der bliver råbt højt
- dog uden at det kan høres, hvad de skændes
om.

Han drømmer om at kunne tage væk. Om at der
kommer én og redder ham.
Tager ham ind til sig, åbner hoveddøren og kører
væk.

Men der er ingen helt, der redder ham.
Blot en masse øredøvende larm.
Han kigger på klokken. Han ved, at det er sent,
for det kan han mærke det i sine grønne øjne.
De er tunge, men kroppen er i alarmberedskab.

Han ved med sig selv, at uanset hvad han gør, så
er der ikke meget søvn at hente.

Heller ikke i nat.

Adrenalinen bruser i hans krop. Trætheden tager over i hovedet, og han kan ikke længere tænke klart.
Han åbner døren til sit værelse og går ud på den lange gang.
Den gang, han altid frygter.
Gangen er kold og smal, og han har altid følelsen af, at der er usynlige øjne der kigger på ham.
Øjne, der ønsker at opsluge ham og fortære hans sjæl.
Nogle gange er frygten mindre end andre – især når han har lyst til at give op.

Han tænker til tider, at det vil være nemmere, hvis han bare forsvandt.
Så vil smerterne forsvinde.
Det er nogle gange hans største ønske.
Men sådanne ønsker bliver sjældent opfyldt.
Det ved han.
Det er oftere hans mareridt, der bliver opfyldt i det liv, han er blevet givet.
Han ved at han er adopteret - det har han fået at vide så længe, han kan huske.
Han ligner heller ikke sine adoptivforældre.

Når alt er kaos, dagdrømmer han og spekulerer
på, hvor han kommer fra.
Spekulerer på, hvorfor han blev fravalgt ved
fødslen.
Spekulerer på, om han overhoved er værd at
elske.

Larmen af skrig og høje røster fylder hele huset,
men drengen er sikker på, at det kan høres i det
meste af nabolaget.
Drengen er ligeglad. For det er alle andre i
verden også.
Det er han sikker på
Der er aldrig nogen, der siger eller gør noget.
Der er ingen, der kigger i drengens grønne øjne
og ser hans smerte.
Han kan ikke klare mere larm. Hans grønne øjne
har brug for at kunne slappe af.
De sidder begge med rødsprængte øjne og med
en tale der er utydelig.
Så utydelig at deres skænderi ikke giver mening
- for ingen af dem siger noget
sammenhængende.

Drengen ved godt, at det ikke nytter at tale
fornuft. Alligevel beder han dem om at stoppe.
Han forsøger at tale til deres hjerter.
Men det er forgæves. De fortsætter deres
ubetydelige skænderi med hårde slag og råb.
De grønne øjne kigger ned i gulvet. En tåre baner
sig vej.
Han er ikke længere ked af det. Han er
afmægtig. Ville for alt i verden bare gerne væk.
Han slår hånden hårdt ned i bordet. Så hårdt, at
smerten går hele vejen op i skulderen.
De kigger på ham - langsomt hurtigt på samme
tid - den klassiske måde at kigge på når
alkoholen har overtaget krop og hjerne.
Der bliver ikke sagt noget.
De fortsætter, hvor de slap.
Slipper drengenes velvære af hænde, i
ligegyldighedens klare lys.

Alt er, som det plejer, det ved han godt.
Drengen går ind på sit værelse igen - med en
usigelig smerte i sjælen.
Den blev ikke fortæret på vej igennem gangen.
Hånden gør stadig ondt.
Men hvis bare det er fysisk smerte, så er det
nemmere at bære.

Han lukker døren og lægger sig træt og grædende i sin seng. Opgivende og opløst.

Der går ikke længe, før kommer moderen ind.
Ikke for at trøste - men fuld og slæbende på en madras og sin egen slingrende krop.
Hun lægger sig selv og madrassen på gulvet.
Drengen ved ikke i hvilken rækkefølge, og han er også ligeglad.
Han ved, at det ikke er en handling med trøst og kærlige ord.
Der plejer at gå 10 - 15 minutter.
Så kommer de første slag på døren.
De starter altid med at være få og bedende.
Men der går dog ikke længe, før stedfaderen slår endnu højere og endnu mere insisterende.
Man kan næsten høre hans frustration over at blive ignoreret.
Hans slag bliver højere. Mere intense.
Det er svært at ignorere en mand på 100 kg., der gerne fortsætte et "godt" skænderi.
Moderen skriger, at han skal stoppe.
Han stopper.
Måske han har forstået ønsket om fred og søvn.
Men det synes ikke at være tilfældet.
Slagene fortsætter.

Drengens ønske om at slippe ud fortsætter med samme intense slag, som slagene på døren.
Han tager dynen over hovedet, en finger i hvert øre, og går ind i sig selv.

Luften under dynen er tung og varm. Det er svært at få vejret.
Men det er bedre end virkeligheden.
Samtidig giver det ham noget andet at fokusere på.
Så længe han kan mærke kroppen kæmpe for luft, desto mere kan han glemme alt det udenfor.
Øjenlågene lukkes over de grønne øjne.
Endelig overmander trætheden ham, og han falder i søvn.

Det har været en lang skoledag.
Det er det de fleste, men denne særligt fordi det er mandag - dagen efter søndag.

Søndag er hans hadedag. Det har de altid været.
Drengen kan egentlig ikke lide at gå i skole - men han kan lide at slippe for det hjem, der er ham givet.

Derfor tager han altid tidligt i skole.
Så tidligt, at han åbner skolen sammen med
pedellen.
Nogle gange kan drengen høre moderen
fortælle det stolt til alle, hun taler med.
Ingen virker til at undre sig over, hvorfor en dreng
har et ønske at åbne en skole sammen med en
pedel.
For han sidder blot foran døren til sin klasse,
stirrer på væggen der er beklædt med brede
lange brædder.
Tænker.
Undres.
Er bare er til.
Der er ro.
Og roen gør ham det godt.

De grønne øjne er gode til at lade som om, de
følger med, men hans tanker er et andet sted.
Han tænker hele tiden på, hvordan det mon går
derhjemme. Tænker på, hvordan det vil være,
når han kommer hjem.
Er alkoholen ude? Eller er der kommet mere
indenbords. Hvis den er ude, ved han, at de to
er fyldt med anger.
En anger, der udtrykkes i stilhed og mærkelig
stemning.

Hvis der er kommet mere indenbords,
fortsætter den ulidelige larm.

Det gode ved mandage er, at der er
fodboldtræning.
Dage med fodbold er dage, hvor han kan slippe
for at være følelsesmæssigt bundet til hjemmet.
Bundet af larmens lænker - lænker han ikke kan
bryde.
Drengen smiler sagte ved tanken om at skulle se
sin bedste ven.
De har samme mærkelige humor. En humor,
ikke alle forstå.
Det forbinder dem med et usynligt bånd.
Derfor elsker drengen, når de til træning kan
lave sjov og tage gas på de øvelser. Ikke for at
være på tværs - men for at være i live.

Når træningen er færdig, cykler de hjem
sammen.
De bor ikke så langt fra hinanden.
Måske mærker hans bedste ven, hvordan alt
bag de grønne øjne bliver mere og mere gråt, jo
tættere de kommer på drengens hjem.
"Op med benene min ven!" råber han grinende.
Han var altid flere meter foran. Ikke fordi han
ikke ville følges med drengen - tværtimod.

Måske fordi han ved, at drengen har brug for én
der kan føre am.
"Fuld fart på igennem vandpytten, og så op med
benene!"

Det gør drengen.
Et smil breder sig på hans læber. Han kan
mærke sit indre, hengemte legebarn le.
Det er længe siden, han har haft den følelse.
Længe siden han har ladet legebarnet komme
ud og mærke den verden, et barn burde opleve.

Følelsen af frihed og lettende glæde gør ham
godt.
Følelsen af, at uanset hvad livet byder - så har
han sin ven.
Og en cykeltur med fuld fart gennem vandpytter
med benene oppe, nogle gange er det netop
dét, der skal til for at overleve.
Han smiler igen for sig selv.
Der kommer altid en vandpyt til.
Nogle dybere end andre.
Men så længe benene kommer op, så kommer
det store smil – og den indre glæde.
Så længe han er på en cykel med sin ven, så er
han på vej. På vej væk.

Digte

Digt 1:

En ensom sjæl, der vandrer i livet,
vandrer på må og få.
Alene vi fødes, alene vi i det, og fra livet må gå.
Månen lyser op, og mod den vi svinger.
Mørket toner frem, frem kommer vores vinger.
Efterlades kærligheden tilbage, tager vi den
med?
Mærker vi kærtegn fra dem, der før os drog
afsted?
Ensom forlades den, der ej tør åbne og vise sit
indre.
Salig er den, hvis sjæl er sårbar og lader sig
lindre.
Forlades den nu, den trætte krop?
Findes trøsten i hjertet, og når du kigger op?

Digt 2:

Paradokset er, at vi venter, mens vi løber, tiden
løber dog ud før tid/
Vi glemmer at elske, mens vi kæmper os
gennem sorg og slid/
Hvad du venter at få i livet, får du måske ej/
ser du de mennesker, du møder på din vej?/
Vi er her blot et sekund, så hurtigt vi glemmes/
elsker vi med alt, hvad vi kan, med had vi
tæmmes/
Øs ud af hjertet med alt, hvad du begærer/
had og "mangel" på tid lader dit ægte "jeg"
besvære/
Stop blot op, åben dit hjerte og lad dit liv
udfolde/
inden vi ser os om, er vores tid ovre, vores
hjerter blevet kolde/
Hjertet pumper, mens sekunderne går/
Sikkert er det, at vi ej en ny chance får/

Digt 3:

Den bugter sig, den stille å, dens veje vi aldrig
helt kan følge.
Ved dens side du kan ej altid gå, ud til havets
smukke bølge.
Mærk blot den stille strøm, den kærligt vil lade
dig føre.
Det stille blik er som en drøm, livet et kort
øjeblik dig vil røre.
Som tiden går, svinder åen ind, usynligt den
fortsætter sin søgen.
Alene søger du som en blind, med held slår du
rødder som bøgen.

Digt 4:

Flyv du blot, du kærlighed,
ud i den vide verden og lev/
Fold dine vinger ud, og tænk ej på,
hvem der tilbage blev/
For du, du kære kærlighed,
sætter altid så smukt dine spor/
Jeg ved med mit hjerte, at du er til,
det er ej noget, jeg blot tror/
Når du, du kære kærlighed,
igennem vores hjerte danser/
Ved jeg, at kærligheden mig vil følge,
lige til den dag, mit hjerte standser/
Du, du kære kærlighed, kan skabe lykke og
glæde, men også gøre ondt/
Men et besøg fra dig er noget, som burde være
alle mennesker forundt/
Så tak for dig, du kærlighed,
din tilstedeværelse er for mig meget værd/
Tak fordi du mig så, og lod mig se mine elskede,
dem som jeg har kær/

Digt 5:

En fremtid, der spejler ud i horisonten, der står
åben.
Et hjerte, der frydes, et hjerte der lægger sit
slidte våben/

Kærligheden, der for evigt vokser, i nuet vi
sammen sejler.
Stoltheden i mig sig rejser, uanset om I, i livet
fejler/

Stille bag jer jeg står, beskytter jeres ranke
rygge.
Jeg gør, hvad jeg kan for at I, i livet, kan være
trygge/

Da I var små, gik vi langsomt og sagte, sammen
hånd i hånd.
Nu, hvor I går hurtigt, holder jeg stædigt fast i
det usynlige bånd/

En dag vil I alle tre ikke længere samme vej gå.
En dag vil I se, at jeg ikke længere bag jer vil stå/

Blot fordi jeg ikke mere kan følge jeres tempo, ej
følge med.
I vil altid have det største, man kan få i livet, I vil
altid have kærlighed/

Jeres mor og jeg vil altid være jeres hjem.
Båndet af kærlighed vil altid og for evigt holde til
os alle fem/

Digt 6:

Når livets sidste solnedgang mig må ramme,
når jeg mærker hjertet slå sit sidste slag.
Vil jeg minderne om os i mit indre kramme og
nyde tiden denne sidste dag.
Når lyden af min stemme fra hukommelsen
forsvinder, når billedet af mig med tiden forgår.
Håber jeg, at du vil gemme vores minder,
huske varmen og alle de gyldne år.
Når mørket rammer, og du føler dig ensom og
alene.
Glæd dig da over, at vi dansede sammen på
livets scene.

Digt 7:

Husker du livets små glimt af lykke,
smiler du på livets vej?
Ser du livets poesi som et stykke,
danser du i den svære leg?
Tiden flyder ud på livets billede,
danner sit eget maleri.
Husker du, hvor du lykken stillede,
husker du at slippe glæden fri?
Husker du dem, der foran dig gik,
dem der i dit liv gav dig tryghed?
Hvordan vil du huskes for den tid du fik,
for mig er svaret klart, det er kærlighed.

Digt 8:

Det indre barn glemmes i hu og hast,
den inderlige glæde undertrykkes, og er nu kun
til last.
De hjertelige grin høres længere ej,
der er ej tid til den hjertelige barnlige leg.
Det lille barn i os alle alene står,
vi kigger ej tilbage på det som tiden går.

Jeg stopper og tager barnets lille hånd,
husker at vi i livet sammen er knyttet af tidens
bånd.
Kigger i hjertet, ser de små grønne øjne,
livet er kort, der er ej tid til løgne.
Sammen vi nu går og husker de barnlige løjer,
nu hvor vi er sammen, er der intet der for os
støjer.

Digt 9:

Fortabt er den, der ej i andres lykke kan finde
glæde.
Salig er den, der ud på livets snørklede vej tør
træde/
I julen vi samles i flok til kærlighedens fest.
Vi spiser, griner og synger - ærer hver en gæst/
Dem, der er ensomme må vi dog aldrig glemme.
selvom vi dem ej hører, har de også en stemme/
For mange er julen forbundet med glæde og
fred.
Der findes dog dem, der kun glædes ved at gøre
andre fortræd/
Når julen dig varmer, både din krop og dit sind,
er en stille bøn herfra at du husker at lukke
kærligheden ind/
Der står et menneske, som sit livs svovl vil
stryge.
Og som blot ønsker at varmen gennem
kærlighedens sprække at smyge/

Digt 10:

Den bedste følelse i verden er kærlighed,
den udtrykkes i mange former/
Det er samtidig det, vi i verden giver mindst ud
af, det udfordrer vores fælles normer/
Når du ser et menneske, sådan rigtigt ser, er det
en anerkendelse af den enkelte og dennes fejl/
Når du udviser kærlighed med handling og ord,
sætter du i den enkelte og jeres relation så
smukt et sejl/
At rose en anden trods egne fejl, er en styrke, ej
en svaghed af hvilken du selv som menneske
vokser/
At anerkende en andens fortræffelighed viser,
hvem du som menneske er, uanset med hvad
du end bokser/
Vi bliver som mennesker kun fattigere af, at vi
andre ej tør hylde/
Forandringen ligger i os hver især, sammen vi
kærligheden frem kan "trylle"/

Digt 11:

Forbundet af kærlighed, forpligtet af ærlighed.
Relation skabt af dialog, med nærhed skabes
der bro.
Rækker du ud fra et hjerte rent,
har du i livet det gode tjent!
Vi kigger tilbage, men skal ej længere ad den vej
gå.
Vi stopper op til tider, men ønsker ej at gå i stå.
Giver du alt, hvad du i livet kan,
så kan du roligt sige:
"Jeg gav ud af mit hjerte i det godes navn, nu kan
jeg for andre trygt vige."

Digt 12:

Vi fødes til verden, mødes for en stund.
Vi søger med færden, støder ofte på grund.
Vi tænder lys i et nu, så kort.
Vi sætter vores præg, inden vi må bort.
Vi ser på os selv med andres øjne.
Vi higer efter sandhed, men bygges op af løgne.
Vi lever et cirkulært liv i en verden, som er
lineær
Vi ønsker at stå sammen, ej alene, i livets skær.
Vi husker pagten i vores eget nu.
Vi deler magten, passer på livet, der let går itu.

Digt 13:

Der er noget smukt ved sneen, der falder så let.
Der er noget roligt ved synet af et landskab, der
dækkes så tæt.
Der er noget mærkbart, der ændres ved vores
jord.
Der er en tryghed i hjertet på den, der oprigtigt
tror.
Der er en slutning for det, der i år 2024 blev
krævet.
Dette skriv er det sidste digt, jeg her har skrevet.

Må du og dine få et år med læring og lykke.
Må du bære livet med, alt hvad det er, som det
smukkeste smykke.

Digt 14:

Livet er flygtigt, fordufter så let og ofte i utide.
Livet er forunderligt, hvad det os byder, kan vi ej
vide.

Vi mødes med mørke og lys, vi søger mod
balance.
Vi finder, hvad vi søger, hvis vi giver kærligheden
en chance.

Hvis det føles tungt, kig da op mod himlen så
blå.
Hvis dit sind og din krop dig tynger, bliv da ved
med at gå.

Vi er alle som stjerneskuddet, der haster forbi
og forsvinder igen, min ven.
Vi er alle sat her på jorden for at sikre, at
kærlighed aldrig sygner hen.

Digt 15:

Alle er vi nogens lys i en grå og mørk verden,
alle har vi nogen, der følger os i livets færden.
Alle har vi en, der på os med livets lys, stråler,
alle har vi hemmeligheder, der sjældent lyset
tåler.

Ved du for hvem, der lyset for dig skinner,
Ved du, hvem der samler dig op, når der er tåre
på dine kinder?
Ved du, hvem der på dig ofte tænker,
Husker du at dele nøglen til sorgens lænker?

Sammen kan vi lyset så smukt sprede, sammen
kan vi kærlighedens pagt redde.

Digt 16:

I alt hvad vi gør, er der en sidste gang.
En sidste dans, vi danser til den allersidste
sang.
Legene stopper, fantasien stikker af.
Dag bliver til nat, og nat bliver til dag.
Vennerne bliver til flere, dernæst til færre.
Der kommer en dag, hvor vi stopper med at
lære.
En dag er den sidste, hvor du cykler med fryd.
Der kommer en dag, hvor du fløjter uden lyd.
En dag er det den sidste, og natten tager dig
med.
En dag du alle minderne husker, lukker dine
øjne i fred.

Digt 17:

Der kæmpes en kamp på godt og ondt/
Fred er ej givet, stilhed ej alle forundt/
Der er kaos i verden, verden står i brand/
Verden er af lave, også nær Salten Østerstrand/
Virker det mon at vifte med det hvide flag?/
Hjælper det at håbe, at det hele svinder på en
forårsdag?/
Stå rankt i din tro på, at godhed nok skal sejre/
Glæd dig over, at vi igen snart fred med
kærlighed kan fejre/

Digt 18:

Lad mig fortælle om en tid, hvor solens stråler
varmede vores krop.
Lad mig fortælle om en tid, hvor vi satte
hjemmelavede drager op.
Lad mig fortælle om en tid, hvor der var løb, grin
og skrål.
Lad mig fortælle om en tid, hvor vi slappede af
med brændte pinde ved et bål.
Lad mig fortælle om en tid, hvor dagene var
sjove og lange.
Lad mig fortælle om en tid, hvor frygt var
fraværende, og vi ej var bange.

Tiden står stille, visse ting består.
Tiden er foranderlig, hvor alt dog forgår.

Digt 19:

Den smukke sjæl i dig venter.
Lader du den evigt hengemme?
Minderne sjælen med glæde dig henter.
Hører du da ej dens stemme?

Du mødes af mennesket, bitter og grådig.
Men med handling kærligheden vil samle i flok.
Vi dømmes alle, men vær dem da nådig.
Sig til hverandre og dit unge jeg: "Du er god
nok!"

Digt 20:

Du flygter fra den, men kan den ej undslippe.
Du balancerer mellem larm og stilhed på livets
vippe.
Stilheden kan smerte, for med den kommer
tanken.
Der er uro i dit hoved, en tung og kendt
hjertebanken.
Du lukker for dit sind, og lader kroppen råde.
Du lever dit liv hårdt, dit indre barn får ej nåde.

Frygter du at være ensom og forladt?
Du tøver måske ofte, sætter den ej på skrå, din
hat?
Dråben lander i vandet så blidt.
Kroppen tæller stille dine dages skridt.
Bladet søger mod liv, næring og vand.
Hvis naturen gør det, mon ikke også du så kan?

Digt 21:

En dag slutter med en solnedgang, er du heldig,
høres fuglenes blide sang.
En dag begynder med en solopgang, er du
heldig, høres havets vuggende klang.
Ser du begge, er du om livet bevidst, således
mærker du livets rosenkvist.
Svæver du op mig en sol så givende, har du
noget der i hjertet er blivende.

Digt 22:

Den lille båd ligger roligt i det stille vand,
mågerne og de sagte skvulp høres i det fjerne.

På bunden af båden ligger manden med lukkede
øjne,
han mærker trætheden i sind og krop.

Han er på bunden, men på toppen og tryg.
Tryg i, at båden passer på ham, omfavner hans
krop.
Derved også hans sind.
Ord er overflødige, følelsen altoverskyggende,
betryggende og varmende.
Han er alene, ej ensom.
Båden og manden, manden og båden.
Båden i vandet, vandet i solen.
Der er ro i sind, ro i hjerte.
Glæde i krop, ingen smerte.
Båden har bragt ham vidt omkring, han smiler
for båden, smiler til sin ven.
Han ved, han snart skal i land igen, og livet fører
ham et godt sted hen.

Digt 23:

Flyv blot ud, mit kære barn, dans i livets vinde.
Flyv fro ud, mit kære barn, hav gode intentioner i
sinde.

Dans i vinden og lad dig svæve, inden du slår
rod.
Smil, mit barn og nyd det nu, livet der strømmer
i dit blod.

Når tiden er kommet, lander du, måske tæt på
mig.
Uanset hvor vinden dig fører, forlader mit hjerte
dig ej.

Når du en dag står som jeg, og sender dine ud i
livet,
mærker du måske som jeg, at nuet ej er sikkert
og givet.

Lad vind og lys lede dig, hvilken vej det fører dig,
kan jeg kun om gisne.
Jeg ved i mit hvert nu, at jeg med glæde smukt
kan visne.

Digt 24:

Hører du mig ej, er min stemme blot et ekko i
det forsvindende fjerne?
Lyser mine ord mon for dig, bruges de i mørket
som dit hjertes lanterne?
Mine ord og stemme vil med tiden forsvinde, stå
tilbage ensomt og alene.
Kun du ved hvad du med mine ord forstod, kun
jeg hvad jeg med dem måtte mene.
Ordene er sagt i den bedste mening, samt med
kærlighed, håb og tro.
Min intention var af det reneste hjerte, et ønske
om, at du i dit liv vil lade kærligheden bo.
En dag siges måske de samme ord, forklædt
med en andens stemme.
Jeg håber, at mine kærlige ord, du i dit hjerte ej
vil glemme.

Digt 25:

Når døden står ved min side, håber jeg, at det
sker i det stille.
Jeg håber, at du samtidig vil smile, selvom en
tåre måske vil trille.

Når døden på mig peger, håber jeg at høre
fortidens ekko af grin og leg.
Jeg håber, at du lykke igen vil finde, og samle på
smil på din vej.

Når døden på min sidste rejse mig følger, vil jeg
vende mig om for på dig at se.
Jeg håber at kunne se, hvorledes du bag din
store sorg også vil kunne le.

Når døden kommer, håber jeg, at jeg er stærk
nok til med ham at gå.
Jeg håber, at du glædes som jeg, over det vi i
livet sammen kunne få.

Når døden kommer, lytter jeg, og jeg ved, at jeg
din stemme for evigt vil høre.
Jeg håber, at du husker dig selv, og vil lade dit
hjerte igen af kærligheden sig røre.

Når døden kommer og på dig prikker, for at sige,
at nu er turen kommet til dig.
så håber jeg, at du ved, at jeg har gemt den
bedste plads til dig, pladsen ved siden af mig.

Digt 26:

Der findes noget smukt i livets gang.
Der opstår en stille samhørighedsklang.
Vi søger alle mod anerkendelsens rus.
Vi søger alle det mentale og fysiske knus.
Vi giver dog sjældent selv, hvad vi ønsker at få.
Hvorfor vi ofte med livets rullesten selv må gå.

Digt 27:

At rejse er at leve, at leve er at mærke livet.

Ergo kan livet betragtes som værende den
største og mest udfordrende rejse, vi er på.
Glemmer vi den mentale og åndelige rejse på
bekostning af den fysiske?
Og overser vi derved nøglen til øget trivsel i eget
liv, og muligheden for at være autentisk?

Et liv defineres ej ud fra de år, der er levet.
En bog ej kun ud fra de ord, der er skrevet.
Tolkningen af ord er forskellige, de kan være
mange.
Livets rejse er nu, lad dig af livets øjeblikke
fange.

Digt 28:

Fredfyldt kærlighed er alt, hvad jeg ønsker
imellem os,
at kærligheden vil overvinde alt hvad der byder
os to trods.
Kærligheden spirer, når blot den får fokus og
plads,
roen kommer til os, når vi følger kærlighedens
kompas.

Digt 29:

Livet er simpelt, men vi gør det svært.
Livet skal leves, men først for sent får vi det lært.

Livet er et lærred, på hvilket du selv skal male.
Livet startede ved dig, inden længe går det i
dvale.

Livet er fyldt med drama, komik og lyrik.
Livets bærer fyldes, og tiden den gik.

Livet er smuk og skræmmende på én og samme
tid
Livet er skrøbeligt, så husk, at du ved livet skal
være sød og blid.

Digt 30:

Jeg ønsker, at vi sammen bliver gamle og grå.
Jeg ønsker, at vi kan være hinanden støtte, når vi
ej alene kan gå.
Jeg ønsker, at vi sammen kan sidde og nyde det
liv, vi fik.
Jeg ønsker, at tiden stod stille et øjeblik, og ej så
hurtigt gik.
Jeg ønsker, at dine øjne stadig må smile, når de
mødes med mine.
Jeg ønsker, at varmen ej forsvinder, fra dine øjne
så fine.
Jeg ønsker, at vi kan sidde sammen, og se på
bølgerne i vandet.
Jeg ønsker, at jeg kunne være i stand til at kunne
skrive K+C i sandet.
Jeg ønsker, at jeg daglig kan være heldig at høre
dine grin.
Jeg ønsker, at alle kan opleve en kærlighed så
ren og fin.
Jeg ønsker, at du for evig og altid vil være min viv.

Jeg ønsker, at vi bliver gamle sammen, at vi
husker at nyde vores liv.

Digt 31:

Gaderne ligger øde, når vinteren kommer, og
sneen lægger sig som en kølig dyne.
Vi skynder os alle sammen ind i varmen,
glædes, når vores hjem endelig kommer til syne.

Når kulden sparker ind, bør vi alle åbne op for
vores hjerters varme.
Når varmen forsvinder, er vi alle børn, uden
betryggende varme kram i vores forældres
arme.

Når kulden sætter ind, skinner stjerner op, lyst
og klart.
Når vi har hinanden at varmes ved, føles livet
mere rart.
Vi ser ej de stjerner, der for os alle funkler og
danser.
Vi ser ej glæden ved livet, ej de øjeblikke, der
foran os standser.
Åben dine øjne, lad dem blot se livet for, hvad
livet er.
Åben dit hjerte, lad dig opsluge af kærlighedens
klare skær.

Digt 32:

Et ekko af stilhed rammer mit indre, jeg rammes
af klaustrofobi.
Et lys bryder ud af sit mørke, jeg er ude af min
melankoli.
Det stille blik fremfører en dans, en tornado
uden retning.
Den sagte lyd af fryd kan høres, der formes
derved en sætning.
Tro med hjertet, tro med dit sind, tro på, at
smerten ej varer længe.
Vid da nu, med alt dit væsen, at du til slut flyver
over vand og enge.

Digt 33:

En dag, før du ved det, er det dagen, hvor
legepladsen blev besøgt for sidste gang.
Et øjeblik gik, før du ved det har I sammen
sunget den sidste børnesang/
Du ved ej, hvornår dagen oprinder, men du
rammes i hjertet af et ubærligt savn!
Du savner de dage med rod og larm, hvor det
tryggeste for de kære små, var din varme favn/
Stilheden overtager, først nu mærker du, hvad
der i livet er vigtigt.
Du ser de gamle billeder og mindes tilbage,
tilbage til, det der føltes så rigtigt/

Du går forbi de steder, I besøgte, mindes en tid
der var hård og samtidig fyldt med glæde i dit
hjerte.
Du smiler ambivalent, for du ved, at den tid er
forbi og kommer aldrig igen, dette fylder dig
med smerte/
Nyd den tid, der så kortvarigt er, og find dine
daglige smil deri, for dem kan du mindes når du
bliver gammel.

Find jeres faste holdepunkt, lad nærværets
latter fylde, det kan nu bruges, når du tilter på
livets skammel/
Elsk dig selv og elsk dem nu, livet bør fyldes
med alt det der er godt.
Saml på jeres fælles minder, disse kan I
sammen bruge, når livet bliver hårdt og råt/
Livet er nu, lev det vel og lev det med ære.
Med kærlighed i livet, er livet altid til at bære/

Digt 34:

Solen bryder frem, som et øje, der dig ser.
Lyset skinner på dig, stil dig på stedet lige her.
Lader du lyset dig guide, kan du finde en ro.
Solen giver liv, et liv som for evigt i dig vil bo.
Du tror det måske næppe, men liv er
positivitetens energi.
Slip dig selv fri, og undgå negativitetens tyranni.

Må du gå med hovedet højt og ej lade dig tynge.
Således kan du skabe plads til at høre livet
synge.

Digt 35:

Alt går i stå og står stille for en stund.
Jeg står som forstenet, kigger ned i den dybeste
afgrund.
Alt summer i hovedet, men stilheden runger
højt.
Jeg kan ej kigge op, hovedet føles tungt og drøjt.

Intet holder mig oppe, min krop den er svag og
vakler.
Alle haster afsted, ingen ser op, jeg tænker at de
er stakler.
Intet er mig givet, for alt må jeg være stærk og
kæmpe.
Alle larmer rundt om mig, men naturen kan det
dæmpe.
Jeg kigger forslået til min side, ser at der står du.
Du tager min hånd, mit hjerte, det er ikke
længere itu.
Jeg lukker mine øjne, tror det ej.
Du er mine øjne, du viser mig vej.

Digt 36:

Selvom det kan være svært at se, er der lys i det
fjerne.
Selvom du ej tror det, lyser dit livs funklende
stjerne/

Vejen kan være lige eller snørklet og grum.
Vejen kan føles ugennemtrængelig, mørk og
dum/

Èt skridt ad gangen, dette må du vandre.
Èt skridt ad gangen, du må selv dit liv forandre/

Alt bliver godt, alt bliver roligt og i vatter igen.
Alt bliver godt, tro på dit selv og lyset, min ven/

Digt 37:

Når ord er få, men alligevel alt fortæller.
Når du ved, hvem der ved din side står, når det
endelig gælder.
Når du ved, hvem der hjælper dit hjerte med at
slå.
Når du ved, hvem der for dig igennem ild vil gå.

Hold da fast, for i det har du noget særligt.
Hold da fast, for uden det, er livet ubærligt.
Hold da fast, for i det opstår noget ganske
særligt.
Hold da fast, for i det bliver livet ægte kærligt.

Digt 38:

Når du føler dig nede og mangler energi.
Når du føler dig trist og blot vil gå i hi.
Hvor finder du så glæde og hjælp på din vej?
Hvem giver et kram, hvem ser dig for dig?
Du er i verden, en del af noget større.
Tillad lidt kærlighed, lad dit hjerte berøre.
Du er et enestående menneske, på det må du tro.
Hvil blot i dit hjerte, lad dit hjertes rødder gro.

Digt 39:

Barndommens lege forsvinder så let.
Barndommens venskab, der engang var så tæt.
Vi kendte så mange, og dog så få.
Vi kendte ej fremtiden, på hvilken sti vi måtte gå.

Jeg hører lyden af børn, der griber dagen med
fryd.
Jeg hører dem lege højt og alligevel lege uden
lyd.
Jeg ser de glade børn, der vokser, de leger ej
mere.
Jeg ser de voksne børn, deres bekymringer
bliver til flere.
Jeg mærker i mit hjerte den fryd, der engang var.
Jeg mærker legen i mit sind, din glæde jeg altid
har.
Jeg går herfra med din stemmes glæde i mit
sind.
Jeg går herfra med ro, med din hånd på min
kind.
Leg og grin med fryd, mit barn, tiden er så kort.
Husk, at livet skal leves, selvom det kan være
hårdt.

Digt 40:

Nu går solen ned over den rolige horisont.
Jeg nyder stilheden efter dagens hårde dont.
Solen siger tak og kysser vores klode.
Jeg hører så smukt naturen synge, uden en
node.
Jeg sætter pris på dagen og glæden jeg fik.
Solen siger farvel, vi giver hinanden et blik.
Mon du igen over himlen vil gå?
Mon vi glæden af dit smil igen vil få?
Du skaber glæde og varme hvor du går.
Jeg varmer mig i den kærlighed, jeg af dig får.

Digt 41:

Jeg ser dem smile, le og glædes.
Jeg ser dem lege sorgløst på græs, der ej må
betrædes.
Jeg ser dem kramme i trygge og kærlige omfavn.
Jeg ser dem hjælpe, være hinanden til gavn.

Jeg ser mig selv i vinduet, hvor er mit kram.
Jeg ser dem skændes, føler en skam.
Jeg ser på telefonen, kan du mon lege?
Jeg ser dig komme mig i møde på livets veje.

Jeg ser på mine egne børn, de griner og smiler.
Jeg ser dine arme, hos dig mit hjerte hviler.
Jeg ser mig i spejlet, alderen mig tynger.
Jeg ser på himlen, og hører mit hjerte der synger.

Digt 42:

Jeg følte mig som Forrest Gump, ej at passe ind.
En følelse af at være alene, at stå alene i livets
vind.

Jeg løb akkurat som han, i løb var jeg i live.
En følelse af frihed, mon den er kommet for at
blive.

Jeg ved, mit hjerte tilhører én, lykken skal nok
komme.
Lykke og kærlighed kommer, inden livet det er
omme.

Jeg sidder på bænken, helt alene og på dig
venter.
Dette gør mig tryg og fro, for du er mit hjertes
center.

Digt 43:

I månens skær rammer det mig.
At månens lys ej er det samme uden dig.

Månen vandrer videre på sin færd.
Jeg sidder alene uden den, som jeg har kær.

Nød jeg tiden og de gode stunder?
Lærte jeg af de knubs, der os alle afrunder?

Jeg sidder alene på denne bænk, du er her ej.
Men jeg mærker dig og din støtte på livets vej.

Jeg tænker, at du vandrer ved den lysende
måne.
Jeg ved, at livet er lig tid, tid som jeg kun kan
låne.

Når jeg ser på månen, vil jeg smile.
Til jeg min hånd, i din kan hvile.

Digt 44:

Når solen rammer på højeste punkt,
og markens korn står stolt og støt.
Er det svært at flygte fra det, der er tungt,
og nemt at huske livet fremfor hvad der er dødt.

Solen peger blot, den fortæller uden ord,
og du alene i krop og sind det mærker.
Solen peger også på dig, og svaret i dit hjerte
bor,
Du skaber med livets kunst de allersmukkeste
værker.

Digt 45:

Solen står højt ved siden af det lave spir/
Månen er gået til ro, så nu er det solen der gir/
Dagen er ny, vi tager imod med et åbent sind/
Lukker mine øjne, mærker naturen på min kind/

Vi kan svæve med på livets lege og spil/
Vi kan slappe af og nyde, hvis vi vil/
Om vi vil det eller ej, kan vi ej over livet
bestemme/
Men kærligheden er til stede, det må vi aldrig
glemme/
Elsk din næste, vær stolt af dig selv, som jeg er
af dig/
Glæd dig over de mennesker du måtte møde på
din vej/
Vejen slutter, vi må alle træde til side/
Hvornår det sker, ønsker jeg ej at vide/
For når min tur er kommet, og jeg må takke af/
Håber jeg, at jeg gav mere, end jeg kunne nå at
ta´/

Digt 46:

Det er så stort, mit nederlag.
Det største er dog, hvis jeg lærer deraf.
I livet vi oplever momenter med mulighed for
læring.
Deri ligger kimen til vores sjæles næring.
Omgiv dig selv med mest mulig glæde.
Undlad dog ej at lade din sjæl græde.
For livet kan ramme og være ubarmhjertig.
Husk da, at livet er nu, og du i livet har værdi.
Dit hjerte slår, du føler intenst, at det banker.
Din tro og håb på kærligheden er dit faste anker.

Således kan et nederlag til sejr altid vendes.
Således kan kærlighed med god energi altid
sendes.

Digt 47:

De flyver så let med vinden væk, hvorhen vi kun
om det kan gisne.
De danser fro i glædesrus, inden de lander og
slår rod, med tiden, som alle, må også de visne.
Tiden er nu, og vi håber for alt i verden at ingen
storm os må ramme.
Vi klynger os til håbet om, at vi til evig tid kan
mærke livets flamme.

Digt 48:

Ordene forsvinder med tidens tand,
dæmpes som fortidens ekko.
Papir som stemmer opløses brat,
står ensomme og alene i glemslen.
De glemmes og overhøres nemt,
ingen forstår ej, hvad de siger.
De vil det godt og af ren kærlighed,
de ønsker blot at blive husket.

Digt 49:

Hvad er vigtigst? Processen eller målet?

Ingen af disse, men dit livs selskab/
Inviterer du de rigtige mennesker med?
Således har du vigtig støtte ved svære tab/
Hvem er til din begravelse, hvad vil de sige?
Vælg rigtig, og du mindsker derved ulykkens
gab/

Digt 50:

Tilgivelsesgaven er noget af det største, vi som
menneske kan få-
At kunne tilgive en anden kan få dit sind videre,
og dit hjerte til at gå-
Når du tilgiver oprigtigt og fra det reneste sted-
Får du glæde tilbage i livet og plads til
kærligheden, tilmed-
Jeg tilgiver dig, du gjorde, hvad du kunne, vidste
ej bedre-
At jeg tilgiver, er lykken, jeg kan vores kærlighed
nu hædre-
Må lykken stå dig bi, må du i himlen mærke fred
og glæde-
Lad dit hjerte blot synke i vished om, at vores
fælles smerte aldrig mere vil græde.

Digt 51:

Senere
Vi ses senere
Vi ses senere, jeg glæder mig.

Savner
Jeg savner dig
Jeg savner dig, det gør ondt.

Livet
Livet går videre
Livet går videre, det er svært.

Døden
Døden rammer os
Døden rammer os, hvornår vides ej.

Nuet
Nuet sker nu
Nuet sker nu, lev det nu.

Digt 52:

Du finder det ydre i det indre,
det lader dig forstå.

At nu kan intet dig hindre,
dit livsformål at nå.

Digt 53:

Jeg er uden kort, vandrer hvileløst rundt på må
og få/
Jeg blev født og givet bort, igennem livet jeg
alene må gå/

Som et skibbrud på åbent hav, bliver jeg revet
rundet af livets strømme/
Uden et kompas på livets vej, er livet blot blevet
til fjerne drømme/

Jeg lærte aldrig livets svømmetag, forsøger at
holde mig selv oppe/
Kræfterne slipper op, tænker om jeg til havets
bund skal lade mig droppe/

Det er som om, der er noget, der ønsker jeg skal
leve, en usynlig kraft/
Jeg mærker en støtte og ro, en følelse jeg aldrig
før har haft/

Digt 54:

Er det et endeligt farvel, er øjeblikket nu?
Var det det sidste søm, der slog børnenes
drømme og håb itu?
Hvor mange gange skal jeg lade mine grænser
overskride?
Hvordan skal jeg mine børns følelser håndtere,
når de får det af vide?
Det rammer mig hårdt, at vi ej lykke sammen
skabe formår.
Jeg er ked af, at jeg en dag igen alene står.
Fravalgt igen, det er mit lod og min skæbne.
Min brynje og panser jeg atter må mig bevæbne.

Mon mine kære børn en dag forstår.
Der bør være en linje for, hvor langt over egne
grænser andre går.
Mine kære børn, jeg elsker jer og vid nu blot,
jeg gjorde, hvad jeg kunne, gjorde det måske ej
godt.
I betyder alt, det jeg at I ved.
I er mit hjerte, mest livs store kærlighed.

Digt 55:

Det går så hurtigt, den smukke blomsts farver
bliver visne og grå
Vi lærer det aldrig, i uvished vi mod tomgangen
må gå
Brydes den ej, den metalliske lænke
Tiden går på det, jeg ej tør tænke

Et sandkorn ad gangen, hurtigt de hinanden
følger og flyder
Sekunderne brat forsvinder, trompeterne i en
nær fremtid lyder
Tælles de kan, men tæller ej i det store
Den gode gerning vægtes, og ud fra kærlighed
jeg det gjorde

Digt 56:

Vi svæver sammen gennem tid og sted, du som
vinden under mine vinger.
Kærligheden kommer til os naturligt, den
kommer dog ej, hvis vi dens love betinger.

Vi nyder rejsen i luftens højder, svæver gennem
tinder og dybe dale.
Sekunderne tikker på livets ur, vi tæller dem
hver især for ej at gå i dvale.

Vi spejler os i vandets blanke genskær, ser at
vind og vinge er parallel.
Månen møder solens silhuet, dag og nat
smeltes til én, sammen går de på hæld.

Digt 57:

Fortæller du, hvad der i dig bør tælle/
Styrer du, hvad der ej må forstyrre/
Forsøger du efter det gode at søge/
Står du fast på, hvad du med livet kan forstå/
Forelsker du dig i, hvad du må elske/
Tegner du selv musikkens fortegn/
Foregøgles du af livets underfundige gøgl/
Agter du andre menneskers foragt/

Digt 58:

Vejen, som livet, er en lige vej, vi snydes af vores
eget perspektiv-
Tiden, selvopfundet, er lineær, vi øser ud af den
i vores eget tidsfordriv-
Kulden rammer, frosten sætter ind, lægger sig
smukt på mosens siv-
Varmen den smelter, solen står højt, sådan er
menneskets banale liv-
På vejen vi går, snørklet og kold, selv når
kroppen fortæller os "bliv"-
For målet er altid det næste skridt, således
bliver du dit eget livs detektiv.

Digt 59:

Der er noget smukt ved forårsregn, vi også den
må nyde.
Det beriger vores menneskelige sjæle at se
knopperne skyde.

Der er noget smukt ved forårstegn, vi mærker
alle en glæde.
Det beriger vores sarte kroppe, igen blødt græs
at kunne betræde.

Der er noget smukt ved forårets komme, de
smukke farver vi nu ser.
Det beriger vores omskiftelige sind, når sindet
erkender at nu er det her.

Digt 60:

Jeg ser dig nu, dengang fandtes jeg ej, hvorfor du
var så alene.
Hjælpen kommer dog alt for sent, du har for
længst slået op og givet fortabt.
De blanke øjne blinker endnu, jeg håber, at du
lykke og liv kan forene.
Mit største ønske for spejlbilledet af mig selv er,
at opleve det liv vi fik skabt.

Digt 61:

Livet er belagt med brosten, når vi på dem os
bevæger, spiller den fineste musik.
Hver evig eneste sten, der på jorden er lagt, kan
fortælle historier om, hvem der på dem gik.
Stenene er formet og lagt så sirligt, at det i sig
selv kan betragtes som kunst.
Hvem er dog vi, jordens små brosten, tør vi ej
bede om nogens gunst?

Digt 62:

I en verden af kaos, orkan og regn-
søger vi alle trøstesløse efter et tegn-
på at verden må blive overøst af ro og fred-
at kærlighed omkranser hverandre og hvert et
sted-
Alene for sig selv, kan hjertet føles ked og trist-
Det vides ej, hvem der ved din side sidder til
allersidst-
Når lyset dig rammer, og sorgen står for skud-
gør du hjertet gavn ved at lukke kærlighedens
lys ud-
Så når mørket dig rammer, lad da dit hjerte
hvile-
Se i mine øjne, lad endelig set og hele verden
smile-

Digt 63:

Livet er flygtigt, fordufter så let og i utide
Livet er forunderligt, hvad det byder os, kan vi ej
vide.

Vi mødes med mørke og lys, vi bør søge mod
balance
Vi finder, hvad vi søger, hvis vi giver kærligheden
en chance.

Hvis det hele føles tungt, kig da op mod himlen
så blå
Hvis dit sind og din krop dig tynger, bliv da ved
med at gå.

Vi er alle som stjerneskuddet, der hastigt hilser
på og forsvinder igen
Vi er alle her for at sikre, at kærligheden på jord
aldrig sygner hen.

Digt 64:

Den indre ro er til gavn og tilgængelig for os alle-

Den ydre støj, der os omgiver, får vores
opmærksomhed til at falde-

Når du mærker din krop og sind være i balance-

Hjælper du dig selv og dine andre, du yder dit
eget selv assistance-

I den indre ro, finder din sjæl en givende fred-
Du ved, du den endelig har fundet, når du smiler
ved ordet kærlighed-

Digt 65

Vi fisker alle i livets sø, vi sulter sågar
sommetider.
To verdener deles af vandets bløde kant, der er
liv på begge sider.

Vi holder balancen i den lille jolle, søger ej at
falde.
Falder vi dog en sjælden gang i, håber vi, at vi på
andre kan kalde.

Vi håber alle, at den største fisk på vores krog nu
bider.
Vi mærker alle livets sult, for at stille den, vi os
selv hårdt opslider.

Sætter vi os i jolle blot, og ægte mærker livet os
favne,
mærker vi livets gaver komme til os, sult og sorg
vi aldrig mere vil savne.

Digt 66

Vi mødes ved fyrtårnet igen, en skønne dag.
Vi får igen mulighed for at høre, om hinandens
dag.
Vi mærker igen, hvordan det er hjerteligt at
grine.
Vi får igen en partner, der kan støtte os, på livets
line.

Den dag lader vi ej længere som om.
Den dag lader vi som om, at slutningen på
dagen ej kom.
Den dag har vi igen kun blik for hinanden.
Den dag lader vi ej som om, at vi ikke er gået fra
forstanden.

Jeg hilser dig fra dem alle, de tænker på dig tit.
Jeg hilser dem fra dig, fortæller at de skal leve
frit.
Jeg hilser på gensyn, og jeg ved nu i mit hjerte,
Jeg hilser på dig igen, næste gang uden smerte.

Digt 67

Som farverne igennem himlen, der strømmer
som vand i en bugt,
mærker vi glæden i livet, mærker at nuet kan
være noget så smukt.
Følger vi kurven, er der for enden måske en skat.
Følger vi livets kurve, bliver dag til nat.

Slutter buen et sted, eller er det et fatamorgana,
vi alle blot jagter?
Jeg kigger på de mennesker, der i jagten deres
eget liv stille forpagter.
Regnbuens skønhed bør i nuet altid nydes.
Kærlighedens bånd, bør aldrig brydes.

Digt 68

Vi ældes alle for hvert skridt, vi går, det er livets
finurlige ironi.
Vi bliver måske klogere, men kun rig på livet, når
kærligheden i nuet slippes fri.

Når jeg om mange år, op ad trapperne må gå,
vil jeg huske tilbage på alle de kærlige stunder,
store som små.
Huske de gode mennesker på min vej, jeg var så
heldig at møde.
Tænke på alle de gode gerninger, som fik andre
menneskers hjerte til at gløde.
Tænke på alle mine kære, som ikke længere vil
kunne se mig, og ej heller høre.
Vide med mig selv, at de i hjertet ved, at jeg er
der, uanset hvad de i livet måtte gøre.

Glædes over den kærlighed, der på mig venter,
på gode kærlige sjæle at se igen.
Jeg går fra et hjem til et andet, mærker roen på
vej op ad trappen, hvor end den fører hen.

Digt 69

En dag, hvor du vågner, er der ingen larm.
En dag, du går en tur, er der ingen hånd i din
arm.
En dag, hvor du sidder med kaffen i din kop,
er der ingen af dine børn, der beder om at
komme op.
En dag er morgnerne rolige og stille.
En dag er der ingen legetøjsbiler, der på gulvet
vil trille.
En dag kommer de kære børn endelig hjem.
En dag vil deres dør i eget hus, for dig, altid stå
på klem.
En dag vil de vide, at dit hjerte af stolthed kunne
briste.
En dag vil de huske din kærlighed, når de bliver
triste.
En dag vil "virkeligheden" deres fantasi overgå.
For evigt og altid vil din kærlighed til dem, bestå.

Digt 70

Jeg vandrer gennem byen, opsluges af gaden
der er tom og forladt/
Ser de trætte blomster der vajende står, i
krukker der uharmonisk nonchalant blev sat/
Lytter søgende efter det levede ægte liv, der
engang gaderne fuldendte/
Ser mørket fra gadens lamper, der engang
oplysende lys udsendte/
Går på gadens urokkelige sten, der er hårde, grå
og kolde.
Ser på portene i gaden, på døre ind til gårde, der
knap nok kan holde.
Fornemmer gadens brise, der smyger sig om mit
tøj og ugler mit krøllede hår.
Mærker gadens liv og historie, mærker det, hvert
stolt et skridt, jeg frejdigt går.
Byen ejes af os alle og dog af ingen, den er som
katten sin egen herre.
Gennem de mørke gader vi alle går, med rank
ryg og fakkel vi lyset må bære.

Digt 71

Der er noget magisk ved at slippe fri, fra kædens
tunge åg.
Den tunge kæde, der tynger os alle, holder os
fast med "livets" spidse krog.
Kæden er kun stærk i vores eget sind, vi kan den
med handling bryde.
Hvis vi alle forsømmer dette, vi os selv for livet
kun kan snyde.
Med valg og vilje i eget liv, vi alle fra kædens krog
kan slippe.
Begynder du nu, bliver livet sandt og du din egen
balances vippe.

Digt 72

Under overfladens bløde bølger,
skjuler sig en strøm som med os følger.

I armene på vandets store, kolde favn,
sejler sjælenes skibe sikkert i havn.

Blandt havet små fisk og store hvaler,
er der en verden, vi ej kender, men alligevel
befaler.

I vandets stilhed mærker vi igen vores kroppe,
vi mærker, hvorledes vi tiden kan stoppe.

Mærker sandet blødt som vat,
verden giver os alt, vi måtte ønske, hvis vi åbner
dens skat.

Digt 73

Det rastløse sind løber om kap,
finder sjældent hvile.
Søndage er et helle,
hvor dit sind endelig kan smile.
Kroppen føles let og frisk,
søndage gør dig det godt.
Hverdagene rusker dig rundt,
og livet kan føles råt.
Søndage er blot et begreb,
vi alle lever ud fra.
I alle dage er der fred og ro,
hvis vi blik for det har.

Digt 74

Vi ser hver især en verden, vi søger at forstå.
Vi spejler os i andre, søger deres hjerte at tilgå.
Vi hører ej lyden af stilhed i det indre.
Vi søger den ydre støj, altid at gøre den mindre.
Vi mærker ej blodet i vores hjerter pumpe.
Vi glemmer ej at lade vores liv forsumpe.
Vi husker sjældent de glade stemmer,
stemmerne af ro.
Vi lader livet gå sin gang på det gode, vores
hjerte betro.

Digt 75

I krigens ufred, uro os alle rammer.
Under fredens kroner støttes vi af fredens
stammer.

I krigen er der ingen milde latter
Under fredens tag sover hver søn, hver datter.
I krigens kaos, er der uro og larm.
Under fredens vinger, er der ingen harm.

I krigens cyklus ender alt trist og skidt.
I fredens kerne behandles alle kærligt og blidt.

Digt 76

Vi har alle brug for lys i mørket, et lys der giver
os ro.
Vi har alle brug for lys i sorgen, et lys, til hvem, vi
vores hjerte kan betro.

Vi lyser alle for andre, uden vi dog ej altid ved
deraf.
Vi lyser alle for en anden, med håbet om, at livet
giver endnu en dag.

Vi er alle et lys, et lys skabt til i livet at lyse.
Vi er alle et lys, et lys der skaber varme, hvor
hjerter må fryse.

Vi er alle lys, lys om på et tidspunkt går ud.
Vi er alle lys, lys der på jorden må lyse, til vi på
himlen forvandles til smukke stjerneskud.

Digt 77

Vi sad engang, for længe siden, og så på
himlens stjerner.
Vi sidder i dag, mange nætter efter, og om
minderne værner.

Vi sad sammen, timerne forsvandt, der var intet
andet end lige "nu".
Vi sidder i dag, årene forsvandt, der er intet
andet end minderne, der gik itu.

Vi sad sammen, drømte om fremtiden, lagde
planer for vores liv.
Vi sider sammen, kigger på fortiden, lod livets
vind bøje os som siv.

Digt 78

Tak
Tak for dig, og for den glæde, du mig bringer.

Tak
Tak for dig, mit hjerte, lettet hopper og springer.

Tak
Tak for dig - tak for, at du er der selvom, jeg "tak"
ej siger så tit.

Tak
Tak for dig - tak for, at du er der, tak for, at du
lader kærligheden flyve frit

Digt 79

At sætte noget fri, kan være godt for sjælen -
til tider noget, der ubevidst os tynger.
At sætte noget fri, kan skabe plads til noget nyt -
vi hører måske noget, der som fugle synger.

At sætte noget fri, er en del af livet.
Vi må alle træffe lette som svære valgt.
At sætte noget fri, kan skabe ro i hjertet -
du kan derved sætte fokus på dit kald.

At sætte noget fri kan være en svær proces,
men det rigtige er ikke altid nemt.
At sætte noget fri, kan give plads til dig selv, en
som du måske har glemt.

Digt 80

Find mig.
Find mig dér, hvor dit hjerte trænges
Find mig, før dit hjerte igen må sprænges.

Find mig.
Find mig dér, hvor stilheden har vundet.
Find mig, inden larmen, igen dig har fundet.

Find mig.
Find mig på dét sted, hvor smilet kommer først
Find mig i hjertet, hvor glæden er størst.

Find mig.
Find mig i øjnene, der tilbage på dig skuer.
Find mig på himlen, der hvor regnbuen buer.

Find mig.
Find mig i lykken og freden såvel.
Find mig ved solnedgangen, når dagen går på
hæld.

Digt 81

At være et ordentligt menneske er en mulighed
for alle og enhver.
At gøre det gode og det rigtige, selv når tiden er
svær.

At være et ordentligt menneske bør vi alle
efterstræbe som individ.
At gøre det gode i svære tider, kræver valg, vilje
og flid.

At være et ordentligt menneske kræver omtanke
og fokus på etik.
At gøre det rigtige, selvom andre måtte give dig
hård kritik.

At være et ordentligt menneske, er som en rejse,
på hvilken vi dannes.
At gøre det rigtige er at sikre, at de gode dyder i
din sjæl, vandes.

Digt 82

Den smukkeste tone kan for os spilles.
Det smukkeste maleri, foran os stilles.

Nydelsen er subjektiv, men præges af andres
tanker.
Synet på det smukke mærkes, der hvor hjertet
banker.

Tager vi det ind, med alt, hvad det måtte
rumme-
Lader vi os forføre, eller må det smukke
forstumme?

Læser vi alle ordene, eller er det blot som støv?
Hører vi kærlighedens tale, er menneskeheden
døv?

Alt bliver stille en skønne dag, der hvor månen
står.
Tidens toner leger dagen ud, selvom vi videre
går.

Digt 83

For evigt ung, for evigt fordømt.
For evigt uvidende, til tider forsømt.
For evigt legende, for evigt sat.
For evigt bundet, til dag og nat.
For evigt gammel, for evigt på rejse.
For evigt kløgtig - til tider vi ses knejse.

Digt 84

Den enkelte har aldrig med et menneske at
gøre, uden han holder noget af dets liv i sin
hånd.
Om det er forbipasserende eller
længerevarende, så skabes der således et
usynligt bånd.

Muligheden og magten til at præge et andet
menneske er tilstede i enhver dialog.
Pligten til at handle ud fra det gode perspektiv,
bør altid huskes, således du er den anden tro.

Forudsætningen for dette er et bånd af tillid - en
tillid, som ligger forud for det
mellemmenneskelige møde.
Besidder vi ej evnen til at tro på andre, er det os
selv, samt menneskehedens omsorg, der må
bøde.

Se din næste som én, du i livet må møde - med
respekt, kærlighed og ærefrygt som dine dyder.
Hjælp dig selv og din næste, så du med
kærlighed kan række hånden ud, når et råb om
hjælp lyder.

Digt 85

Et fravalg fra fødslen har sat sine spor/
En ung kvinde mig fødte, for ung til at være min
mor/
En familie mig fik, en tvivl for altid i mig bor/
En følelse ej at være god nok, om på mig nogen
tror/

Vi formes af vores valg - vores liv består heraf/
Men også af vores forfædres; det nytter ej at
bære nag/
Vi vælger til, men også fra, for derved at kunne
nyde/
Men valg har altid en konsekvens; det må livet
byde/

Vi møder mange på vores veh - møder du dit
ægte jeg?/
Handler du fra det gode sted? Husker du valgets
vej?/

Digt 86

For at kunne hjælpe en anden, skal man møde
vedkommende hvor personen er.
For at kunne se et andet menneske, skal man
turde at være til besvær.
For at kunne støtte i livet, skal man turde skab
et åbent og ærligt rum.
For at få oprigtigheden frem mellem mennesker,
skal man turde være "dum".
For at holde en andens hjerte i din hånd, skal du
evne hjerteligt at kunne føle.
For at se dig selv i øjnene, er det vigtigt at du
kærligheden ej vil tilsøle.
For at elske den næste som dig selv, skal du dig
selv oprigtigt omfavne.
For at slippe kontrollen i livet, skal du være klar
på ukendte stier, at havne.
For at evne at elske, og gøre det fuldt ud, læg da
dit hoved på en andens skuldre.
For at se livets paradoksale natur, vid da med
dig selv at dit liv ej med denne handling vil
smuldre.

For at være dig, tro da på, at du har værdi.
For at være den anden tro, sæt da kontrollen fri.

Digt 87

Et sind i zen,
i hjertet en ven,
freden sænker sig lykkeligt igen.

En skov af tanker,
i hjertet et anker,
kroppen bevæger sig på livets planker.

Et korn af tid,
i hjertet en splid,
sindet kæmper mod tiden en strid.

En engel der svæver,
i kærligheden de bæver,
samhørigheden dem imellem, sammen dem
væver.

Digt 88

Lyset falder som regnens dråber - samles i én
stor flydende pyt.

Lyset falder på dit ansigt så smukt - en skønhed,
der i hjertet råber højlydt.

Lyset falder på de glatte brosten - vi søger alle at
holde balancen.

Lyset falder på livets glæder - spørgsmålet er,
om vi også tør tage chancen.

Lyset falder på må og få - alligevel med en
kirurgisk perfektion og snilde.

Lyset falder på nuet, vi lever - og ladet os alle
vide, at vi ej bør tiden spilde.

Digt 89

En ørken med sand,
så langt øjet rækker
En bagende sol,
der alt vand ud af kroppen trækker
Et mål, der er sat,
ihukommelsen om den sagte sætning:
*"I livet vi alle vandre må - ikke alle kan et godt liv
få.*
Ikke alle slipper væk fra det varme sand - i livet
vi alle vandre må, så godt vi nu kan."

Vi går alle igennem livet for at finde det perfekte
palads.
Vejen er ej givet, om end du finder det perfekte
kompas.

Digt 90

Vi er alle blot børn, der er blevet gamle og grå.
Vi er alle blot børn, der hurtigt igennem livet ville
gå.

Paradokset i, at vores børn vil lide samme
skæbne.
Absurditeten i, at vi deres iver ej formår at
afvæbne.

Alternativet til livet må dog betragtes som
værre-
Visdom er at erkende, at af minutter bliver der
færre.

Du ønskes således et liv med mest muligt held
og lykke.
Du ønskes god rejse - jeg håber, at vi følges ad et
stykke.

Digt 91

Når livet er svært, giv mig da håb.
Sjældent ser vi sjælden.
Når glæden er mindst, lad mig da se dig smile.
Vi mærkes af båndets mærke.
Når solen ej skinner, lad mig da se lyset.
Kulden køler vores sjæl.
Når minderne forsvinder, vær med mig i nuet.
Filmen forsvinder fra livets lærred.
Når benene ej længere kan bære, vær da min krykke.
Kroppens tråde smuldrer konstant.
Når tiden er, hold mig da fast - men giv kærligt slip.
Vi svæver igen i et mønster i hinandens væv.

Digt 92

Virkelighedens rutsjebane suser hurtigt forbi.
Stille jeg gør mig klar - klar til et evigt hi.
Tør ej mit syn, blik og hoved igen at løfte -
der findes ikke flere ord, ej mere noget at drøfte.

Forstå mig ret -det er som det skal være,
når jeg fortæller dig, at være i livet er en ære.

Min tid er nu kommet, alt godt har en ende.
Jeg gjorde hvad jeg kunne -forsøgte buen at
spænde.
Hvilken forskel jeg mon gjorde, tør jeg om ej at
spå -
jeg gik min egen vej, selvom der ingen veje lå.

Når du på min plads må kigge, se da roligt for dit
indre -
og vid at livet er stort. Lad stjernerne i øjnene
tindre.

Digt 93

Dualiteten mellem samfund og individ
skaber ej tryghed - men tværtimod en dyb splid.
Samfundet er os alle, og det enkelte individ -
Samfundets normer splittes af en fælles,
nedarvet strid.

Individet kan, med sine handlinger, samfundet
dreje -
dog kan den enkelte aldrig den hele sandhed
eje.
Sandheden er så mange - tyngden må man selv
veje.
Samfundet og den enkelte bør, for hinandens
øre, neje.

Digt 94

Åh, båden ligger nu sikkert på stranden - er ej
endnu sendt til havs.
Åh, barnets glæde høres så højt - stormen har
endnu ej gjort den tavs.

Åh, du kære barn på båden der fro nu leger - lær
bådens grænser at kende.
Åh, du kære barn, der på båden ler - fortsæt din
leg, inden båden mod havet må vende.

Åh, du åbne hav - lad nu barn og både komme
trygt mod stranden, stærk og hel tilbage.
Åh, du åbne hav - pas godt på den fremtidige
mand, der søger at komme hjem til sin mage.

Digt 95

Jeg længes ej tilbage, til barndommens hus -
for der var evigt mørke.
Jeg drømte om livet derude, og lykkens vingesus
mærkede dagligt kærlighedens tørke.

Jeg husker så tydeligt huset, der på vejen lå -
energien som alle bedrog.
Jeg mindes alle de skikkelser i vinduet, jeg så -
på vinduet de med hånden slog.

Jeg flygtede fra barndommens hus - skulle bare
væk.
Dog sidder det ganske fast.
Barndommens hus er der endnu - og driver nu
gæk.
med mig og fortidens last.

Digt 96

Ud af verden af uro, et kærlighedstræ kan vokse-
ind i hjerterne på hvert menneske,
der med ufred i sjælen må bokse.

Ud af verden, hvor mennesket ved den dybe
afgrund står -
Tilter vi bare lidt, kærlighedens sarte bånd, vi fra
hinanden flår.

Ud af klodens hårde, golde flade, kan
kærlighedstræet gro.
Vælger vi kærligheden, kan vi alle sammen på
kloden bo.

Ud af jordens pupper, ser vi sommerfuglene, der
udklækkes
Smiler vi inderligt til hinanden,
kan jorden af kærlighed dækkes

Digt 97

Ensom og langt fra sit habitat sidder den og
troner -
langt fra sin egen natur, ensomhedens pris den
afsoner.
Distancen til sit naturlige jeg, gør det svært føde
at finde -
afsøgningen af sit indre selv, gør kampen svær
at vinde.
I spejlingen efter sin egen plads, den evigt er
dømt til at begære -
i håbet om at finde vejen hjem, den sine egne
drømme må fortære.

Digt 98

Du triste klovn i spejlet der - hvem er mest glad i
landet her?

Den gladeste klovn har ofte en side,
som sjældent ses - hvorfor du skal vide:
Gak og gøgl er noget klovnen bruger,
når den anden side af hans maske, balancen
truer.
Klovnens mål er at skabe glæde og fryd -
han lykkes selv sjældent med at følge denne
dyd.
Klovnens ageren er som et teater,
hans triste smil pryder byens plakater.
Alligevel forventer vi at klovnen smil skal
frembringe -
forstår dog ej, at klovnen mening skal
fremtvinge.
Smil til din klovn og lad ham vide,
at smil og gråd ofte står på samme side.

Digt 99

Vi falder - for derved at kunne samle os selv op.
Vi falder - fordi vi skal lære aldrig at nå helt til
top.

Vi rejser os, fordi det er livets arv.
Vi rejser os, fordi det er livets krav.

Vi fortsætter, fordi alternativet er værre.
Vi fortsætter, fordi vi for livet ej må spærre.

Vi elsker trods smerten, fordi glæden er større.
Vi elsker trods alt livet - det er hvad vi er her for
at gøre.

Digt 100

Først for sent forstår vi,
at den lille hånd giver slip en dag.
Først for sent forstår vi,
hvad det vil sige at mærke et hjerteslag.
Først for sent forstår vi,
hvad vores rolle egentlig betyder.
Først for sent forstår vi,
hvor meget vi smerteligt fortryder.
Først for sent forstår vi,
hvor stor kærligheden kan være.
Først for sent forstår vi,
hvor velsignet vi er med den ære.
Først for sent forstår vi,
at livet lineært går sin gang.
Først for sent forstår vi,
at livet er vores pilgrimssang .

Digt 101

"Se, far. Se sommerfuglens farver!"
"Et øjeblik, min dreng, jeg skal lige..."

"Se, far. Se blomsterne, de dufter godt!"
"Et øjeblik, min dreng, jeg skal lige..."

"Se, far. Se mig skyde til bolden!"
"Et øjeblik, min dreng, jeg skal lige..."

"Se, far. Se min nye trøje, hvad synes du om
den?"
"Et øjeblik, min dreng, jeg skal lige..."

"Se, far. Se, jeg er kommet ind på
uddannelsen!"
"Et øjeblik min dreng, jeg skal lige..."

"Se, min dreng. Se sommerfuglen er kommet
tilbage, se dens flotte farver!"
"..."

Digt 102

Lysten til at evne-
Evnen til at ville-
Viljen til at vælge-

At vælge sig selv, fuldt og helt, er ej noget, alle
formår.
At tillade sig selv at blive et helt individ, inden al
tid forgår.
At vælge sig selv, og ville sig selv, kræver
handling såvel som mod.
At vælge sig selv, er at turde miste sig selv, der
hvor eget selvbillede før stod.
At vælge sig selv, uden begrænsning, er, når du
for dig selv ansvar tar'.
At vælge dig selv, og acceptere dig selv, selvom
du ej dig selv skabt, har.

Digt 103

Der er noget ved mennesket som adskiller os -
dette er os en givet pligt.
Der er noget mellem to mennesker som
forbinder - det er det modsatte af svigt.
Der er noget forbindende ved, til et andet
menneske åbent at lytte.
Der er en oprigtig kærlighed, når man tør om ord
følelser bytte.
Vi har en pligt som mennesker på jord -
autenticiteten i os alt skal fylde.
Vi har en pligt for os selv og hverandre - at lade
samhørigheden mellem os hylde.

Digt 104

Vi spiller alle med de kort, vi fik uddelt ved livets
start.
For nogle er reglerne utydelige, for andre står de
klart.
Vi kan ærgre os over, at de ej var noget særligt.
Nogle spiller livet lukket, andre spiller det
ærligt.
Vi kan glæde os over, at vi fik mulighed for at
spille.
For nogle er det let, for andre det største krav du
kan stille.
Vi ser på vores kort, søger handlinger at
gentage.
For nogle er det nemmere, kun andre at behage.
Vi kan alle spillet lære, hvis vi er vores
autentiske ”jeg”.
For nogle er det nemmeste at folde, men ej for
mig.

Digt 105

Hvad er glæde?

Glæden kan virke flygtig og forsvinde som solen
bag en sky.
Glæden kan være befriende, når vi troen slipper
fri fra sit ly.
Glæde er at erkende, at der er noget større end
som så.
Glæde er at erkende, at det er noget som alle
kan få.
Glæde er noget, som du bør give plads og
legende løslade.
Glæde er noget, der solen skal se, om i
omfavnelsens lys bør bade.
Glæde er noget, der er alle forundt - vi kan alle
den opnå.
Glæde er noget, der rundt om os er - og noget
som du i dig selv kan så.

Digt 106

Ro er som fjeren, der daler så smukt,
holdes op af varme himmelstrøg.
Ro er som værnet der mod hjertes larm
og hjernens evige støj.
Ro er fyldt med smukke eventyr,
som luften uden røg.
Ro er som den lille legende fjer,
der videre på eventyr fløj.

Digt 107

Vi svømmer alle i livets hav -
til tider vi kæmper mod strømmen.
Vi kæmper alle i livet en kamp -
nogen kæmper for at opnå drømmen.
Vi holdes oppe i havet så stort
ved at tage et svømmetag ad gangen.
Vi bliver til tider alle trætte -
vi kæmper alle imod trangen.
Vi svømmer alle med vores egen livsvægt -
vi søger at nå i mål.
Vi ønsker alle i land at komme -
at kunne varme sig ved kærlighedens bål.

Digt 108

Dannelsens dans til livets toner -
trinenes trin i livets zoner.

Vi dannes alle i erfaringernes kunst -
vi lærer alle således til tonernes gunst.

Dansen er én lang udbytterig læring -
tonerne tilstede for at give os næring.

Dans alene eller sammen i par -
når tonerne dør ud, du erfaring nok har.

Digt 109

Fodsporene os, i sandet følger -
Inden længe de slettes, af havets bølger.
Foran os ser vi de mange spor -
Inden længe kan vi på vores erindringer, ej sætte
ord.
Vi følges ad - din hånd i min.
Af livet vi præges, en dag blot et minde på en
kamin.
Vi er her nu - lad sporene tale.
En dag, om mange år, høres vi måske som
nattergale.

Digt 110

Dannelse er en forbandelse og samtidig en
gave.

Dannes vi ej, er som rejsen uden vind, på de syv
store have.

Dannelse er truet at det enkelte individ -
kulturens hjerte bliver klemt.

Dannelse er forbindelse af mennesket og
verden - uden dette bliver livet forstemt.

Dannet bliver vi i livets moder, men også ude
blandt almenvellet.

Dannes du i livets erfaringer, besøges du
hjerteligt i gravkapellet.

Digt 111

Det gode liv - hvad er det?
En søgen efter frihed, men styret af frygt?

Det gode liv - hvad er det?
En daglig kamp, hvor du føler dig ganske
nedtrykt?

Det gode liv - hvad er det?
En samtale med dig selv og med andre,
hvor I i dialogen bliver fremmedgjort?

Det gode liv - hvad er det?
En nysgerrighed på, hvad der siges,
men hvor der ej til intentionerne bliver spurgt?

Det gode liv - hvad er det?
Et langstrakt løb for at nå et mål -
men et løb mod den dybeste afgrund?

Det gode liv -hvad er det?
Når du dig selv søger, men i livet dig glemmer -
ej blot for en enkelt stund?

Hvad er det - det gode liv?

Digt 112

Rejs dig, og rejs med mig.
Rejsen er sjældent den lige vej.
Rejser du dit hoved og hjerte, så lover jeg dig.
Rejsen bliver hård og kærlig, som en kold dag i
maj.
Rejs med mig på eventyr, fortællingen er ej for
kort.
Rejs med på livets eventyr, så vi lever, til vi må
gå bort.

Digt 113

Født af en verden, sat på en klode.
Født til at søge, at finde mig selv, uden en
kustode.
Født af en kortvarig følelse der ville bruse.
Født til, igennem tid, ej blot at suse.
Født af en kraft, da jeg her ej burde være.
Født til at belyse samt mig selv i livet, at lære.
Født af en tid, som aldrig helt kan forstås.
Født til at være mig selv, ej at sætte selvet i bås.
Født af et liv, der for sig selv måtte være ærlig.
Født til at give, født til at være kærlig.

Digt 114

Som tiden går, bliver siderne i livets bog til
stadig færre.

Som tiden går, bliver det ganske klart, hvad vi i
livet må nære.

Livets bog har mange kapitler, vi har bladret
mange sider.

Livets bog er rig på fortællinger, i den beskrives
mange tider.

De smukke sætninger samt de hårde ord ses
med tiden ej mere.

De smukke sætninger skal i resten af bogen,
være endnu flere.

Digt 115

Løb ej fra livet, men ind i livets kerne.
Løb med al din energi, lad selvet være din
stjerne.
Find dit ego, dit selv og din væren.
Find da dit formål, giv ud af livets læren.
Erkend idealet, for hvilket alle bør sigte.
Erkend historien om livet, hvorpå du også kan
digte.
Du var her før, er her nu - om fremtiden vi blot
kan spå.
Du var her nu - før er glemt, se om du fremtiden
kan nå.

Digt 116

Den verden, vi ser, vil altid være vores egen
verden/
Den verden, vi lever i, eksisterer grundet vores
færden/
Den verden, vi forstår, er kun ud fra det vi kan
formå/
Den verden, vi møder, er den rejse vi alle selv
må gå/
Den verden, der er, er til for, og stor nok til os
alle/
Den verden, vi mærker, er blød nok til at vi alle
kan falde/
Den verden, der virker kold og forladt, rummer
også en varme/
Den verden, vi har glemt, savner vores kærlige
omfavnende arme/

Digt 117

Dit sårs lys kan skinne for andre, i det mørke de
befinder sig i
Dine svære ord kan sætte andres tunge tanker
fri
Dit sårs lys kan oplyse den smalle sti som en
lanterne
Dine svære ord kan være en hjælp - så brug dem
gerne
Dit sårs lys er dit - men byrden er til for at du kan
hele
Dine svære ord er dine - lykken ligger i ordene at
dele.

Digt 118

Jeg gav dig min kærlighed - men lærte jeg dig at
elske ægte?
Jeg gav dig en barndom - men lærte jeg dig
mellem godt og ondt at vægte?
Jeg gav dig hvad jeg formåede -men var det nok
til dit smukke hjerte?
Jeg gav dig mine øjne og smil - men gav jeg dig
også min smerte?
Jeg gav dig dit liv, og du gav mig mit
Jeg hjalp dig med at gå - hjælper du mig med mit
sidste skridt?

Digt 119

Du smukke væsen - din styrke er mod.
Din styrke er en evig bevægelse fra hvor du stod.
Dine handlinger er modige, når du tør miste
balancen.
Du lader ej frygten styre, men giver modet
chancen.

At miste dig selv, er en handling af mod.
At følge dit indre er at følge energiens flod.

At finde dig selv er noget, du for evigt må
efterstræbe.
At elske dig selv, er når du din indre kerne ej kan
dræbe.

Digt 120

Lev og rejs, du dannelsens vagabond.
Rejs i dit inderste jeg, værdsæt hvert sekund.
Vi dannes alle gennem det liv, vi får.
Nogle visner tidligt, andre blomstrer og består.
Du mister ej dig selv ved dit selv indrømme.
Rejsen er som tid, lad ej dig selv forsømme.

Dig 121

Vi tænder lys, bærer i hjertet lyset til minde.
Vi sender vores tanker, til dem der måtte
forsvinde.
Vi sætter lys i vinduet, med håbet om de dem
må se.
Vi håber i vores hjerter, at lignende aldrig igen vil
ske.
Vi længes i sindet, håber fred må fylde på vores
jord.
Vi vander små frø, håber empatiens frugt fra
dem gror.

Digt 122

Han er tilstede i nuet,
til stede i sin væren.
Han er alene i sit selskab,
alene i sin færden.
Han nyder de gode stunder, der er,
han erindre de gode stunder, der var.
Han mærker livets tomhed,
mærker alt, hvad livet ham gav.
Han mærker kærligheden omkring sig,
og savnet til sin livs kærlighed.
Han smiler ved tanken om det løfte han gav,
han smiler ved tanken om den byrde han tog.
Han husker så tydeligt hendes smukke øjne,
hendes smilende øjne, der på ham så.
De smilende øjne ser ham nu -
de ser den unge mand i den gamle krop.

Digt 123

Vi sætter små spor, spor så små, så fine.
Vi danser yndefuldt, alene, sammen, på tidens
line.

Med følelser og ord, binder vi sløjfen levende
op.
Med hinanden i hænderne, danner vi fælles
trop.

Når tiden oprinder og tonernes klang ebber ud.
Når tidens tand viser sig kækt, i din sarte
elfenbenshud.

Dans da, om livets hjerteslag gjaldt herom.
Dans da med din kind mod min - vær dog
varsom.

Lad silkebåndet, der os sammen binder, ej
briste.
Og husk – i livets dans må du aldrig nøjes, aldrig
dig selv miste.

Digt 124

Livets spændinger sætter sine spor, vi ser det i
sindets bund.

Vi lever et liv ud fra andres blik, og glemmer vi
kun er her for en stund.

Den indre strøm, der er din guide, lader din sjæl
i verden fremdrive.

Du har én opgave, er i verden sat, for "dig selv"
slutteligt at blive.

Digt 125

Jeg oplever et ”selv”, der vælger sin vej.
Jeg mærker en glæde ved også at sige nej.
Jeg ser, hvordan et liv foldes ud, og bliver til.
Jeg gentager et ja til det, jeg i livet skal og vil.
Jeg hører et beslutsomt selv træffe sine valg.
Jeg mærker et selv, der har fundet sit kald.

Digt 126

Lad det frit flyde.
Lad blot sindet nyde.
Lad hjertet banke.
Lad hjerne tænke en tanke.
Lad smilet smukt stå.
Lad benene gå, på må og få.
Lad livet altid for dig ske.
Lad andre dit ægte selv, se.

Digt 127

I dag er en gave -
åbner du den, eller sætter du den til side?
I dag mærkes glæden -
hvornår alderdommen os rammer, kan vi ej vide.
I dag kan vi danse -
hvilken dag benene under os vil knække, vi ej
ved.
I dag kan vi smile og grine -
hvad fylder vi dagen med? Lad det være
kærlighed.

Digt 128

Individets selv kan være svært at begribe, det
forstås ej blot i ordenes klang.
At danne sit selv er et valg man bør tage; ej kan
det forceres ved magt og tvang.
I friheden til at vælge er vi også bundet, i valget
må vi leve med dets konsekvenser.
Rollen som menneske på kloden er os givet; se
at du ej dit eget selv, konstant flænser.
Vælg dig selv, selvom du da til tider alene
sidder, det er valgets salær.
Vov blot valget af dit selv, du vil således opleve
hvor meget du i selvet er kær.

Digt 129

I den mørkeste stund, hvor vi føler os allermest
alene.
Lyser et smil, et ord, minder os om, at vi i livet ej
er ene.
I det mørkeste sind, er der altid en sprække.
Lad det fine lys komme ind og ind i mørket
række.
I mørket finder vi sjældent vejen ud, finder ej en
sti.
Lysets glød hjælper os på vej, ud af mørkets
slaveri.

Lad lys være lys og lad det mørket overvinde.
Glem ej mørket, det hjælper os også til livet at
besinde.

Digt 130

Du rejser så hurtigt gennem livets faser.
Du skynder dig igennem livet, igennem
hverdagen du maser.
Du gik fra barn med forventningens glæde, til
voksenlivets strabadser.
Du gik fra dine venner ofte at se, til et liv hvor
opgaverne sættes i kasser.
Du gik fra leg med bamser og fantasi.
Du gik mod en tid hvor du troede, at de voksne
var fri.
Du mærker den stadig, den glade tid giver
melankoli.
Du mindes en tid som er ovre, en tid der nu er
forbi.
Du ser det samme ske for de børn der er dine.
Du ønsker inderligt, at de bedre livet kan forfine.

Et sted i det nære mærkes en glæde ved det liv
vi fik.
Et sted i det fjerne høres en stemme sige, ”vi vil
altid lege, vil vi ik’?”

Digt 131

En dannelsens vagabond må vælge at gå -
Et liv der vælges, der tager ham rundt på må og
få-
I søgen på livet, med ønske om selvet at finde -
I en evig vandring, har han alt at vinde -
Som vagabonden snører han blidt sine sko -
I naturens blide væsen finder han sin ro -
Han vandrer i sindet, såvel som med sin krop -
Han lader sig glædes af lykke og af mening fylde
op-
Hvor tages han hen, han ved det ej -
Måske selvet findes lige der, der på hans vej?

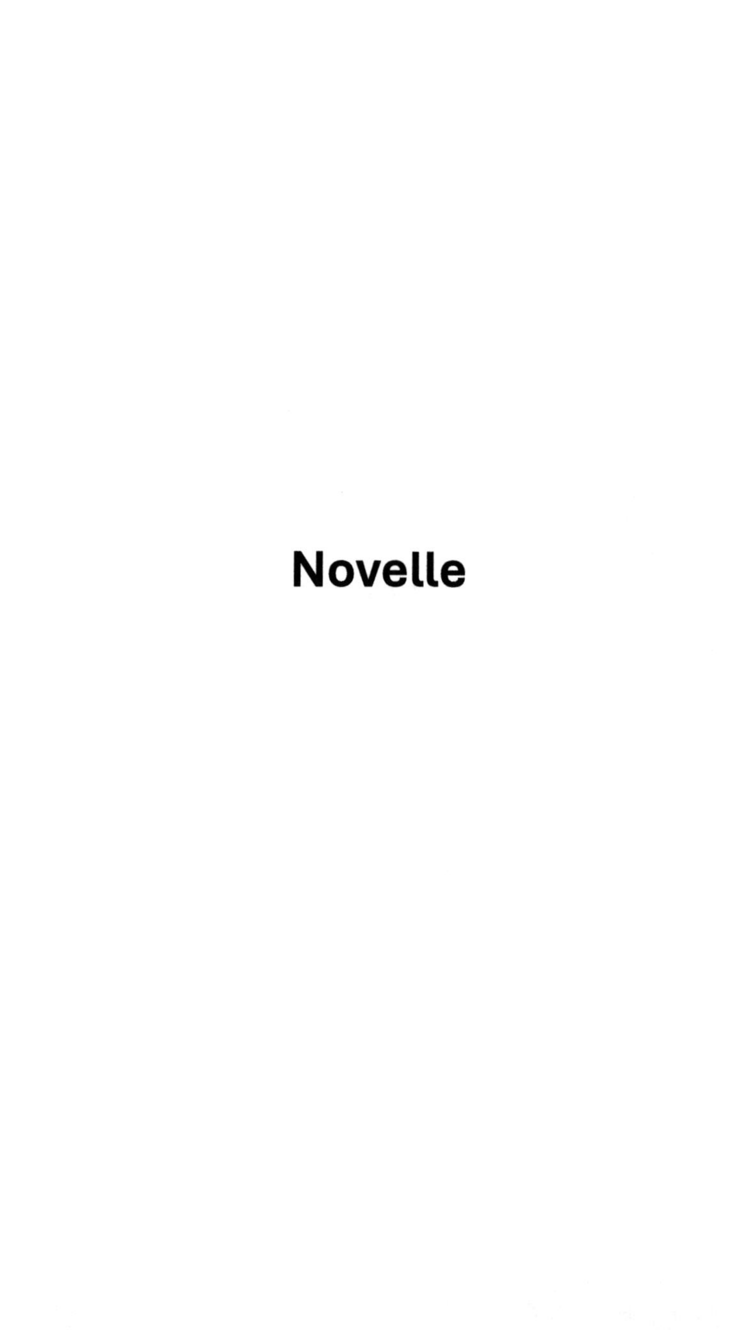

Novelle

Vagabondens stille længsel

Den gamle mand sidder i sin kørestol, foran fjernsynet, det gør han hver aften –ikke fordi han selv har valgt det, men fordi nogen har bestemt det for ham.
Hvor skulle han i øvrigt ellers sidde, her i sit livs sidste tid?
Hver aften, når aftensmaden er blevet serveret, dernæst ryddet af, bliver han af de - mere eller mindre velmenende ansatte - kørt han foran fjernsynet.
Nogle gange er fjernsynet tændt, andre gange slukket. Nogle gange er der skruet helt op, andre gange kan man intet høre.
Egentlig er det også ganske ligegyldigt, for uanset hvad der måtte være på skærmen, er det intet mod det liv, han har levet.

"Nej hold nu kæft! Har du set Lise? Nu har hun igen spildt sin mad i skødet på sig selv!"
råber den ene af de kvindelige ansatte.
Til hvem hun råber det, ved han ikke.
Han er ikke engang sikker på, at hun selv ved det.
Men han er ligeglad.
Ligesom hun sikkert også selv er det. Ligeglad

med, hvem der hører det. Ligeglad med, om det menneske, hun udtaler sig om, er til stede.

"Hun er sgu da også så ulækker! Det er din tur til at bade hende."
råber hendes kollega tilbage.
Han kunne høre, at der fortsat blev talt højt og med hårde ord, men han valgte at lukke ned – at lade være med at lytte.
Han bliver trist og ked af det, når dette skete. Og det skete hver aften.

"Sidder du godt, Peter?" bliver han spurgt.
Han svarer ikke.
Mest fordi det ikke nytter, og dernæst fordi vedkommende, der spurgte, allerede er gået videre til den næste i rummet.

Han smiler for sig selv og tænker tilbage på det liv, han har levet, og på de mennesker han har mødt.
Mange af dem er her ikke mere. Han er den sidste, der er tilbage.
De få, der er tilbage, kommer en sjælden gang på besøg - men han er ikke i tvivl om, at de allerede er på vej videre til deres næste

gøremål.

"Der må være ting i deres liv, som de ikke kan udskyde. Eller også har de ikke erfaret hvad der giver livet værdi"
tænker han for sig selv.
"Jeg håber for dem - og deres næste - at de erfarer det. Også før de sidder som jeg gør. Hvor du ikke længere kan bestemme. Ikke længere bliver betragtet som et menneske."

"Hvor du hverken er enten eller."
Han tænker tilbage på, da han mødte sin nu afdøde hustru og husker tydeligt, hvordan han havde været betaget af hendes øjne, hendes smil og hendes grin.
Det havde altid været noget kunne finde tryghed i - selv når alt andet virkede kaotisk.

"Åh jeg glæder mig til at se ind i de øjne igen. Glæder mig til at høre hendes grin." tænker han.

Igen at kunne mærke den følelse af nærvær, som forsvandt den dag, hun gjorde.
Han glemmer aldrig den dag, hvor de måtte sige farvel til hinanden - den dag, hun forlod livet på

denne jord.
Han er glad for, at det var ham, der blev tilbage.
Han ville ikke ønske for hende, at hun skulle stå
tilbage med følelsen af ensomhed.

Hun blev diagnosticeret med kræft i lungerne,
og den var så aggressiv, at lægerne intet kunne
gøre.
Selvom han knap nok kunne holde sammen på
sig selv i ren fortvivlelse, havde hun været så
tapper.
Måske fordi hun følte, at hun skulle være tapper
for dem begge - men mest sandsynligt var det,
at det var fordi det var sådan, hun var.
Hun havde altid været tapper - men samtidig så
eventyrlig delikat og skrøbelig.
Den sidste nat havde han overnattet ved hendes
side på hospice.
Han havde holdt hende i hånden og fortalt
hende, hvordan hans liv blev fyldt med lykke
den dag, hun sagde ja i kirken.
Fortalt hende, at livet med hende havde været
en gave, som han værdsatte hver dag - også de
dage, hvor de havde haft skændtes, og hvor
luften i rummet var fyldt med dårlig energi.
Selvom hun var hårdt ramt af sygdommen og

havde svært ved at få luft, havde de grint sammen.
Til tider havde han fået dårlig samvittighed over, at han havde fået hende til at grine - da det virkede til at hun ikke kunne få vejret.
Men de gange havde hun set i øjnene og med sit blik og smil sagt:
“Det er ok.”
Sagt, “Tak."

Da klokken var 7.23, skete det.
Hun var ikke mere på denne jord.
Han havde efterfølgende takket for, at han var der til det sidste - selvom det var det sværeste han nogensinde havde oplevet.
Han ville ikke været deres farvel foruden.
Han vidste med sig selv, at der altid er en omkostning.

Han tænker på deres børn. Tænker på, hvor de befinder sig i deres liv.
De er et godt sted - har deres egne familier med ægtefæller og børn.
De er på deres egne eventyr, hvor der også kommer udfordringer, men forhåbentligt, endnu flere grin.

Han ved, at det er livets cyklus. Sådan må det være.

"Jeg har haft min tid her på jorden - og sikke en tid!" tænker han.
"De ved, at jeg og deres mor elsker dem - og altid har gjort det.

"Jeg ved, at vi en dag skal ses igen. At vi alle skal fortælle historier til hinanden igen." tænker han for sig selv.
Han smiler for sig selv ved tanken. Hans øjne lyser op ved tanken om netop dette - og ved tanken om igen at skulle se ind i de øjne, han har elsket så inderligt.

Mørket har for længst sænket sig i fællesrummet på plejehjemmet. De fleste er blevet kørt ind på deres egen stue.
Den gamle mand ænser ikke, at han sidder alene i rummet - men han mærker, hvordan livet har været ham en gave.
En gave, han med stor fornøjelse har åbnet op og nydt godt af.
Han mærker en altomfavnende lykkefølelse og glæde fylde hans krop - og i samme moment

mærker han hvordan luften i lungerne og livet i kroppen samtidig forsvinder.
Han mærker en følelse af ro.
Han ved med sig selv, at han nok skal blive taget sig godt af, hvor han nu skal hen.
At der ikke er behov for at blive placeret foran et fjernsyn der, hvor han nu skal hen. At han igen kan mærke, hvordan det er at være en del af et fællesskab - en del af noget større.

Han smiler for sig selv, og hvisker svagt:
"Jeg er på vej hjem til dig, min elskede. Jeg ved, at du har ventet længe, men jeg skulle lige samle på nogle flere historier, jeg kunne fortælle dig.
Jeg er sikker på, at de vil få dig til at smile og grine"

Fjernsynet slukkede. Rummet blev helt mørkt.
Kroppen faldt en smule sammen, men blev siddende i stolen.
En stjerne lyste op på den frostklare himmel.
Der er ingen faste pladser.
Men det er der nu altid alligevel.
Det ved alle der kommer ind på plejehjemmet.
Indtil der er en anden, der skal have den.

Refleksioner om livet:

Kærlighedens tid

Kærlighed er tid, og tid er kærlighed. Dog
arbejder tiden imod os, dette da der forsvinder
mere og mere af den, jo mere vi bruger.
Kærligheden vokser, og jo mere vi bruger og
giver, desto mere næres den. Kærligheden
overlever vores egen tid.
Hvis vi gør det rigtigt.

Livet baglæns – Læring fra Dødslejet

"Livet må forstås baglæns, men leves forlæns"
Kierkegaard opfordrer os til at tage ansvar for
eget liv, og ikke lade os påvirke af
udefrakommende kræfter.
Sjældent lader vi os berige af kundskab,
kundskab som ofte kræver mere end hurtig
refleksion af os. Der er lavet en undersøgelse vi
alle kan drage nytte af, hvis vi vi, og det er læring
af hvad folk der ligger for døden, fortryder.
Måske vi kan lære af deres levede liv, og i højere
grad derved forstå livet baglæns.
"Jeg ville ønske, at jeg havde haft modet til at
leve et liv, som var tro mod mig selv, og ikke det
som andre forventede af mig."
"Jeg ville ønske, at jeg ikke havde arbejdet så
hårdt."
"Jeg ville ønske, at jeg havde haft modet til at
udtrykke mine følelser."
"Jeg ville ønske, at jeg havde holdt kontakten
med mine venner."
Det er aldrig for sent at leve sit liv, ikke før det er
det.

En Ægte Ven Er Noget Ganske Særligt

Hvad definerer et venskab?
Det nemme svar er tryghed, indre ro og en god
sparringspartner. Bare for at nævne nogle af de
postive udfald af dine egne refleksioner over
hvad du synes der definerer et venskab.
For mig at se finder der overfladiske venskaber
som oftest er dem hvor der grines og festes,
særligt når det er belejligt.
Og så er der venskaber som går dybere fordi to
mennesker tør være sårbare og ærlige over for
hinanden, men også sig selv.
Et venskab som er dybt rummer både
muligheden for at man kan grine, glædes over
sin egen samt den andens lykke, men også at
man kan græde i hinandens selskab.
Det er når en ven tør stå ved din side når livet er
svært, og som tør være ærlig nok og sige, "jeg
ved ikke hvad jeg kan sige, men jeg står her
sammen med dig."
En ven er en der fortæller dig at du ikke er alene,
og hvor du føler at det udsagn er rigtigt.
En ven er et menneske der er tro og ærlig/ En
ven er en ven, og en ægte ven er noget ganske
særlig/

Når Døden Sætter Sig Ved Din Side

Du sidder alene på en bar, døden komme ind,
går over til dig og siger, "Drik ud, det er tid til at
tage afsted." Hvad gør du?   Døden er selvsagt
definitiv i forhold til at være slutningen på dit
eget liv, det være slutningen på året der er gået,
eller det kan sågar være slutningen på en dårlig
vane. Det kan også være overvejelser om
brugen af sociale medier og ønsket om
dialog/reflektion via disse. Giver det overhoved
mening for nogen at jeg benytter disse til at
fortælle hvad jeg måtte mene om dette og hint?
Giver det mening for mig selv?
Uanset er ovenstående reflektion en god øvelse
at foretage sig løbende og relativt ofte.
Selv tænker jeg på døden på et dagligt plan,
dette da den er uundgåelig, men i højere grad
får den mig til at reflektere over, om jeg er den
mand jeg gerne vil være, og om jeg således
udfører handlinger som er samstemmende med
det jeg gerne vil huskes for.
Døden, eller rettere bevidstheden om
selvsamme, kan altså være din ven.
Hvis du tillader den.

De Fem Mennesker Omkring Dig

Glæden ved livet starter med os selv, og opstår i
os selv.
Glæden næres ved at være i balance med sig
selv, og samtidig have gode relationer til
personer som er på samme energibølge som en
selv.
Glæden manifesteres så at sige ved at have de
rigtige mennesker omkring sig.
Efter sigende kan man vurdere et menneske ud
fra de fem mennesker vedkommen er tættest
med.
Så hvis du tør kan du overveje om disse i dit eget
liv, er nogen du objektivt vil vurderes ud fra, om
de har samme værdier som dig selv.
Hvis ikke, kan du overveje at gøre noget ved det -
ansvaret er dit eget.

At Være er Mere End at Have

Hvori ligger den reelle værdi? Som menneske,
som forældre. I materiale goder, såsom penge,
hvor midlerne synes uendelige og derfor aldrig
kan opnås til fulde? Eller de personlige værdier,
hvor der er det bedste muligheder for at opnå en
personlig glæde for den man er?
Sidstnævnte som potentielt kan give de bedste
forudsætninger for at skabe gode relationer,
relationer med andre mennesker som gør dig
det godt. De rette værdier kan give en følelse af
tilstrækkelighed som materielle goder ikke giver,
for du kan selvsagt altid få mere.
Hvorom alting er, grådighed kan gøre os blinde
for andre menneskers fortræffeligheder,
nysgerrighed kan berige os selv, såvel som
relationen.
Så mon ikke vi skal fokusere på at være mere,
fremfor have mere?

Modet til det Ukendte

"Vi må alle være villige til at give slip på det liv vi har planlagt, så vi kan få det liv, der venter på os." Joseph Campbell
Grunden til, at så mange af os lever det trygge, forudsigelige og ofte utilfredsstillende liv, er, at det er sårbart ikke at vide hvad man skulle substituere det med.
Og uvishedens felt giver dig en følelse af at være nøgen, som om du ikke er i stand til at beskytte dig selv.
Derfor, så længe vi ikke er fortrolige med vores sårbarhed, og har lært at brug den som vores styrke, vil det opleves som værende skræmmende at træde ud i det ukendte.
Vi vil altså hellere lukke os inde i det kendte, fremfor at åbne op for at udforske nyt terræn.
Så mon ikke vi alle burde øve os i at blive fortrolige med vores egen sårbarhed?

Når Tillid Er Fraværende

Manglende tillid til medmenneskers gode intentioner dræber muligheden for den ægte dialog.
Jeg tænker, at rigtig mange konflikter, der har rod i dialoger, opstår når vi ikke nærer tillid til, at den "anden" vil os det godt. Når vi er af den, ofte ubevidste, overbevisning, at den anden har skjulte intentioner, eliminerer vi muligheden for den oprigtige dialog. Hvorfor? Fordi vi derved går i forsvarsposition, og begynder en monolog, for på den måde at skulle overbevise modparten om dette og hint. Alene ordet modpart siger det hele.
Oftest bliver det en kamp om at have ret og- /eller om at blive hørt. Hvis der er noget i det, et andet individ siger eller gør som rører noget i os, bør vi tillade os selv at være nysgerrige på dette. Spørge os selv om hvad det mon kan handle om, og dernæst sætte ord på. Det kan bidrage til gode sunde relationer, til sig selv og andre, samt til en positiv egenudvikling.
Og det er vel det livet går ud på?

Sig ”Jeg Elsker Dig” – Til Dig Selv

“Jeg elsker dig” Smag på de tre ord og spørg samtidig dig selv om, hvor mange gange du siger disse tre ord til dig selv. Mit gæt er, at det ikke er særlig ofte.
Elsk dig selv og sig det højt, du er det værd.

Tiden som Kunstner

Tiden er den største og mest innovative kunst
der findes.
Den udvikler sig konstant. Men den kan tolkes
på forskellige måder, og give os hver især nye
indtryk - hele tiden.
Samtidig kan tiden føles enormt stationær.
Om det er smuk kunst må være op til den
enkelte at vurderer, lige så vel som det enkelte
menneske selv må gøre op med, hvad man
ønsker at bruge den tid til, som er blevet os
givet. Form livet, elsk processen, og accepter
at der i livet ikke er et endeligt resultat. Det er
vel det smukkeste af alt.

Lommer af Ro

Husk at nyde de små lommer af ro og skønhed
du møder i løbet af dagen.
De er der uanset om du ser dem eller ej.

Slip Forventningernes Lænker

Vi mennesker er "gode" til at give hinanden
lænker på. Lænker som gives ved at stille
forventninger til hvad den anden person bør
gøre, og hvordan selvsamme skal agere.
Vi glemmer at tage hensyn til, at den anden kan
have et andet ønske med sit liv, hvilket ikke
nødvendigvis harmonerer med hvad vi tror er
det "rigtige". Eller hvad normen dikterer.
Lad os lytte og prøve og forstå hinanden, i
stedet for at prædike "sandheden".
Også selvom det er med bedst mulige intention,
så kender vi ikke den andens ønske om hvordan
vedkommende ønsker at bruge sit liv.
Den forståelse kan kun opnås ved at lytte og
spørge - for at forstå.

At Elske Hele Mennesket

Hvis vi oprigtigt elsker et andet menneske, så gør vi det med udgangspunkt i det hele menneske. Og ikke den person vi ønsker vedkommende skal være. Der er så at sige noget smukt i at kunne se alle aspekter i den anden, og ikke ønske at det måtte være anderledes. Ansvaret, forpligtelsen og muligheden for forandring, og derved lykke, ligger hos os selv. Også selvom det kan være svært.

Meningen i Lykken – Eller Lykken i Meningen

Mange synes at jage lykken, uden at vide hvori
den ligger. Færre synes på samme måde at
søge meningen med det ene liv, der er os givet.
Det får mig til at tænke, at tesen derved kan
være, at man som menneske finder meningen i
lykken.
Spørgsmålet er, om ikke lykken findes i den
mening man som individ skaber?
Lykken er momentan.
Meningen må antages at være mere blivende.

Åndeløs Hjemløs

Åndeløs hjemløs.
I jagten på at tilfredsstille vores fysiske, ofte
selvskabte, behov, glemmer vi ofte vores
velbefindende.
I jagten på fysisk nydelse, glemmer vi ofte vores
mentale velvære.
I jagten på hæder og ære, glemmer vi ofte vores
følelse af samhørighed.
Det er muligt at vi, i vores del af verden, har få
hjemløse, men vi har til gengæld en masse der
er åndeligt fraværende, åndeligt hjemløse.
I stedet for at jagte prestige, bør vi i højere grad
søge mening.
For på den måde at skabe vores eget formål
med eget liv.

The Journey Is On

"The Journey is on". Fire ord der beskriver livet.
Fire ord der minder os om, at livet ikke sker mod
os, men med os.
Og ting sker, det er os selv der putter værdier på,
for på den måde at kunne vurdere om noget er
godt eller skidt.
Så nyd livet, brug de muligheder der opstår på
din rejse.
Og så husk at give anerkendelse til andre på din
vej - det vokser vi alle af.

Fred Ud, Kærlighed Ind

Peace out, love within and good vibes

Du er Ikke Uundværlig – Men Du er Uerstattelig

Du kan erstattes på dit arbejde, men ikke i din familie. Dine penge er blot nogle decimaler på en skærm, men din kærlighed kan mærkes.   For dit favorithold betyder du ikke noget, men det gør du for dine nære.
Din bil er en samling af lidt for dyre dele, men din krop er dig givet.
Din familie, herunder den selvvalgte, er det mest ægte og vigtige i dit liv.
Måske denne skal prioriteres lidt mere?

Frihed Gennem Accept

De fleste frustrationer og bekymringer vi som menneske har, har sin rod i det vi ikke kan kontrollere.
Accepten af manglende kontrol, samt anerkendelse af handlemuligheder i forhold til det vi kan kontrollere, slipper os fri.
Fri til at nyde det der kommer, men vi får også et mere frit mindset, således vi bedst muligt kan løse de udfordringer, som livet sender vores vej.

Free your mind and open your heart.

På Livets Line

Vi forsøger alle at balancere på bedste vis, her i
livet.
For nogen er linen længere end for andre, og for
nogen er balancepinden nærmest ikke
eksisterende.
Alle er vi på vores egen line.
Til tider følger linerne hinanden i en længere
periode.
Til tider mødes de i et enkelt sekund.
Lad os derfor være hinandens støtte. Ved at du
støtter andre, bliver du selv holdt oppe.
Hvor ofte fortæller du dine nære, eller
relationer, hvad de egentlig betyder for dig?
Hvor ofte har du så stået i en situation, hvor det
definitivt var for sent at give den kærlighed og
omsorg videre, og fortrudt at du ikke gjorde det?

Det er ikke for sent, start i dag.

Afslutning – En evig vandring

At kalde sig en dannelsens vagabond er ikke
blot en romantisk betegnelse for en søgende
sjæl – det er et livsvilkår. Et kald. En livsrejse,
hvor spørgsmålene ofte er flere end svarene, og
hvor vejene sjældent er brolagt med sikkerhed,
men med undren, længsel, erkendelse og håb.

Gennem disse digte, noveller og refleksioner har
jeg vandret – i sproget, i sindet, i livet.
Dette har jeg gjort i håbet og troen på, at møde
det selv, jeg er. Og for at mærke vejen.
For at forstå den stemme, der hvisker indefra,
og som kun bliver tydelig, når vi tør lytte. Når vi
tør være stille midt i støjen.

Jeg har skrevet om det at miste og finde, om at
give og elske, om at være menneske i al sin
sårbarhed og styrke. Om livets dybder og
overflader, om barndommens ekko og
alderdommens visdom.
Hver sætning har været et skridt. Hver en tanke
en sti.

At være en dannelsens vagabond er at
anerkende, at dannelse ikke er en destination,

men en proces.
Det er ikke noget, man får. Det er noget, man lever.
Og måske, netop i denne erkendelse, finder vi os selv – og hinanden – igen og igen.

Denne bog er ikke en slutning. Den er et hvil ved vejkanten. En mulighed for at se tilbage, men også en invitation til at fortsætte.
For ingen rejse er virkelig slut, så længe vi stadig spørger: *Hvem er jeg? Hvad vil jeg give? Hvem kan jeg blive?*

Må du, kære læser, fortsætte din egen dannelsesrejse med åbent hjerte, med mod, med mildhed – og med lysten til at være den, du allerede er i færd med at blive.

Vælg livet, vælg dig selv og vælg kærligheden. Livet er ikke en destination, men de fodspor, vi sætter – og den opmærksom, vi giver hvert skridt.

Tak fordi du har vandret med mig et stykke af vejen.

- Christian Hørup, en dannelsens vagabond.